中公新書 1865

読売新聞社会部著

ドキュメント 検察官

揺れ動く「正義」

中央公論新社刊

はじめに

司法記者クラブのキャップを務めていた一九九八年十月、オウム真理教による坂本堤《さかもとつつみ》弁護士一家殺害事件で、初めて迎える実行犯の一審判決を前に、「慟哭《どうこく》」というタイトルの連載を行ったことがある。オウム裁判担当だった二人の記者が粘り強い取材を続け、遺族の了解を得たうえで、その遺族が事件直後に検察官を前に語った供述調書の内容を紹介するという、これまでにない手法を採った。

遺族の「無念の言葉」は読者の胸を深くえぐり、大きな反響を呼んだ。自宅近くのクリーニング店の奥さんは、私をつかまえ、「毎朝、新聞の上にポタポタ涙を落としながら読んでいますよ」と言ってくれた。

ところが検察の反応は全く違った。連載を始めた直後、東京地検の幹部から呼び出しを受け、「検察官調書をそのまま記事として掲載することの中止を求める」と強硬に抗議を受けたのだ。この当時、調書は同事件に関与したとして起訴された六被告のうち、四被告の法廷で証拠採用されていたが、残り二被告側は証拠採用に同意しておらず、刑事訴訟法四七条で規定する「訴訟書類の非公開」に反するというのが主な理由だったと記憶している。以降、ほぼ連日、検察庁舎に呼び出されては抗議を受け、「連載を中止するつもりはない」と答えを返す緊張関係が続いた。

そんなある日のこと。対応した検事から「読者からの投書の中に、調書を掲載していることを問題視する意見はないんですか」と聞かれた。「それはありません。読者は当時の遺族の言葉で、この事件の残虐さを改めて知っているんです」と答えると、検事は「私にも経験があるんですが、こうした調書をとる時は、遺族も泣くし、こっちも泣きながら書きとるんですよ」と、思いの一端を語ってくれた。直後には、それまで何度も聞かされた抗議を繰り返したが、私はこの血の通った言葉にほっとしたことを覚えている。組織として鉄の集団である検察に、人間としての検事がいるのだ。

検察といえば、「東京地検特捜部」がその顔となっている。大型経済事件や政界汚職などを手がけ、日本最強の捜査機関と呼ばれてきた。最近でも、ライブドアの粉飾決算事件や村上ファンドのインサイダー取引事件を相次いで摘発して注目を集めている。

一方で、検察官の多くは全国各地の検察庁に勤務し、さまざまな事件、事故で警察を指揮し、送検されてきた容疑者を取り調べる。犯罪の被害者や遺族からは処罰感情を聞き取り、容疑者を起訴するかどうかを決める。公判では罪を立証し、犯情に見合った刑を求める。そこには等しく、厳しさの象徴とされる「秋霜烈日《しゅうそうれつじつ》」のバッジを胸に、法治国家の根幹を支えるという使命感がある。

「特捜部だけが検察じゃないよ」。十数年前、検察担当になったばかりの私に、ある検察幹部はこう言った。私たち記者の関心は、時に政権崩壊にもつながる特捜事件に集中する。だが、検察担当の記者になったのなら、特捜部のように脚光を浴びるわけでもなく、日々発生する事件、事故に、地道に対処している大方の検察官の仕事にも目を向けてほしいという示唆だったのだろう。

私たちは二〇〇五年四月から二〇〇六年五月にかけ、五部計三十九回にわたって「検察官」と名付けた連載を行った。連載を始めるに際し、まず決めた方針は、検察官の〝日常〟を取り上げ、検察とは何かを描くことだった。

「厳正公平、不偏不党」を掲げる検察だが、元自民党副総裁の政治資金規正法違反での聴取なし略式起訴、内部告発された調査活動費をめぐる不正疑惑、法曹界の馴《な》れ合いを露呈した福岡地検次席検事による情報漏洩《ろうえい》問題など、時に国民感情からかけ離れた体質に批判を浴びたこともある。きわめて大きな権力を託されながら、国民に馴染《なじ》みの薄い検察という組織。その中で、個々の検察官はどんな顔を持ち、どんな気持ちで日々、仕事に取り組んでいるのかを紹介することは意味のあることだと思った。

これまで立ち遅れていた犯罪被害者対策が本格化し、裁判員制度の導入をはじめとして司法が大きく変わろうとしている。こうした時代の潮流にあって、検察も本気で意識改革に取り組んでいることは間違いない。私たちは、全国の検察庁に広がるその〝胎動《たいどう》〟を感じながら、現場からトップまで「検察の今」をできる限り描いたつもりだ。

読売新聞社会部では過去、連載を基にして、『ドキュメント　弁護士』（二〇〇〇年四月）と『ドキュメント　裁判官』（二〇〇二年十二月）を出版している。このため、私たちは「何とか法曹三部作を完成させたい」という気持ちを持ち続けてきた。しかし、特捜事件の摘発が毎年、何件も続く状態の中で、なかなか連載のために取材班の体制を整えるだけの余力がなかった。今回、その宿願がかなったのは、五阿弥宏安社会部長の決断と、事件取材を抱えながらも、検察が大きく変貌《へんぼう》しようとしている今を逃すべきではないという、司法担当の藤田和之次長、司法記者クラブの大沢陽一郎キャップ（現次長）の心強い後押しによるところが大きい。

検察取材の難度はきわめて高いが、担当記者たちは、延べ百数十人に上る検事や副検事、検察事務官、そのOBらに当たり、〝古傷〟に触れるようなことも正面からぶつけた。そして、体験に基づく貴重な証言や反省、仕事に対する思いなどを引き出した。私たちは、これだけの取材を積み上げた検察連載は初めてのものだと自負している。

検察は変わろうとしている。「被害者とともに泣く検察であれ」とは、歴代検事総長が訓示の中で語ってきた言葉だが、これまで検察は、公益の代表であることを意識するあまり、「正義の涙」をあえて見せないようにしてきたのだと思う。劇的な司法制度の変革期を迎える中で、これから検察は国民とどう向き合い、自らの役割をどう定めるのか——。本書が、新しい検察の行方《ゆくえ》を占う一助になれば幸いである。本書は連載に一部加筆したもので、登場人物の肩書、年齢はいずれも新聞掲載当時のままにしてある。敬称、呼称は原則として省略させていただいた。

二〇〇六年八月

読売新聞東京本社広報部長（前社会部次長）

溝口　烈

はじめに

目次

第四章　赤レンガの実像　125

ドキュメント　検察官

第一章　被害者を前に

検察といえば、時に政財官界を舞台にした大型事件の摘発で注目を集めるが、個々の検察官の素顔はほとんど知られていない。日常的に起きる事件に際し、検察官はどんな思いで犯罪被害者と向き合っているのだろうか。

1　附属池田小事件

二〇〇一年六月に大阪教育大附属池田《いけだ》小事件を起こした宅間守《たくままもる》（当時四十歳）に死刑が執行されたのは、二〇〇四年九月だった。

遺族の思いを被告に問う

悪夢の日から約三年三か月。この間、大阪地検の検察官[*1]たちは、最愛の子どもを思いも寄らない形で奪われた遺族たちと向き合った。

「校門の鍵《かぎ》がかかっていたらどうしたか」

二〇〇二年八月八日、大阪地裁最大の二〇一号法廷で開かれた第十三回公判。同地検公判部の検事、都甲雅俊《とごうまさとし》（四十七歳）が尋ねると、宅間は「柵《さく》をよじ登ってまでは入っていない」と答えた。

この二週間前、犠牲者の一人で二年生だった酒井麻希《さかいまき》ちゃん（当時七歳）の母、智恵《ちえ》さん（四十四歳）は、欠かさず公判を傍聴してきた他の遺族とともに、第十二回公判後の地検の説明会で、都甲に「私たちはすべての真実を知りたい。それを聞けるのは裁判の場しかない。

どうしても質問してほしい」と頼んだ。学校が校門さえ閉めてくれていれば、子どもが犠牲にならずに済んだのではないか――。遺族らは、事件から一年以上たっても、この思いをぬぐえなかった。

事件の被害者や遺族は、刑事裁判の法廷で直接、被告や証人に質問することが許されていない。その苛立《いらだ》ちを肌で感じていた都甲は、願いを受け入れた。智恵さんは、「裁判に直接参加していなくても、検事さんの口を通して意向を反映していただき、感謝している」と振り返る。

文部科学省は二〇〇三年六月、学校側が安全管理を怠ったことを認め、遺族への賠償に応じた。智恵さんらは、この時の宅間の法廷供述がきっかけになったと受け止めている。

安全なはずの学校で、児童八人が犠牲になり、児童十三人と教諭二人が重軽傷を負わされた附属池田小事件で、大阪地検は捜査段階から被害者や遺族のことを第一に考えた。

「絶対、死刑にします」

事件発生直後、悲惨な現場に駆けつけた同地検刑事部の検事、早川幸延《はやかわゆきのぶ》（四十二歳）は、遺族の都合に合わせ、夜間や休日に自宅まで出向いて調書を作成した。「絶対に死刑にしますから」。そう言いながら目に涙を浮かべる早川を見て、被害女児の母親は「それまで検事という冷たいイメージを持っていたが、人間味を感じた」と言う。

だが、早川は「遺族の苦しみをわかったつもりになっていたが、全く違った。遺族が書いた上申書を読むと、自分がとった調書など薄っぺらなものだと感じた」と話す。

公安部から応援に入り、宅間の調べに当たった検事、小弓場《こゆば》文彦《ふみひこ》（四十一歳）は、被害者や遺族の心情を察して、なんとか反省の弁を引き出そうと思い、「ざまあみろと思っているのか、悪かったと思っているのか、どっちなんだ」と尋ねたことがある。宅間は「悪かったと思っている」と答えたが、小弓場は今でもその真意を測りかねている。

正式鑑定を選択

逮捕後、宅間の責任能力が焦点になったが、捜査現場では詐病《さびょう》との見方が強かった。大阪高検や最高検でも、事件の重大性を考え、時間のかかる正式な精神鑑定は公判開始後にして、「通常通り二十日間の**拘置期間**[*2]で起訴すべきだ」との意見が少なくなかった。

しかし、同地検検事正《けんじせい》、加納駿亮《かのうしゆんすけ》（六十二歳）の考えは違った。「起訴前に正式な鑑定をする」との方針を早期に固め、上級庁の了承を得た。責任能力が問題になりそうな事件で、検察は短時間で済む簡易鑑定の結果を見て刑事処分を決めることが多いが、加納は「自信を持って極刑を求刑するには、捜査を尽くすことが重要だ」と思っていた。また、簡易鑑定では結果の適否が公判で争われて、正式鑑定をせざるを得なくなり、公判が長期化して被害者や遺族に精神的負担を強いる恐れもあった。

宅間は六十八日間にわたる精神鑑定を経て、起訴された。加納は「法律の許容する範囲で、どこまで被害者や遺族の気持ちをくみ上げることができるのか。大きな発想の転換が必要だった」と語る。

執行後の対応に不満も

都甲は二〇〇二年四月、山口地検次席検事から異動し、第七回公判から判決まで担当した。被害児童と家族の氏名を一覧表にして机の上に置き、完全に覚えたうえで、遺族らと面会を重ね、公判に臨んだ。「本音を聞かせてもらえるようになりたい」という一心だった。都甲の前に公判を担当し、遺族らの調書を法廷で読み上げた大阪地検公判部の検事、大口奈良恵《おおぐちならえ》（三十五歳）も「傍聴席の遺族らにもはっきり聞こえるように意識した」と明かす。

都甲は求刑に先立つ論告[*3]に、極力、遺族の肉声を盛り込んだ。「この男の心臓をつかみ出して踏みつぶしてやりたい気持ちを押しとどめている」「私が死んだらいったん地獄へ行き、もう一度こいつを殺したい」——。

都甲は言う。「遺族感情をいくら検事の言葉で書いても、遺族の気持ちは十分に伝わらない。私自身、遺族と一緒に裁判をしてきたという思いがあり、論告に遺族の法廷証言や意見陳述を多く取り入れ、裁判官や被告に聞かせたかった」

同地検は、公判のたびに説明会も開いた。被害者や遺族はこうした対応について、「誠実できめ細かい配慮をしてもらい、ありがたかった」と口をそろえる。

だが、不満も残った。死刑執行後の対応だった。

酒井麻希ちゃんの父、肇《はじめ》さん（四十三歳）は、「事後的に紙一枚でいいから、何月何日に死刑を執行したという連絡がほしいと要望したが、かなわなかった。検察と信頼関係を築き、期待していただけに残念です」と本音を明かす。

被害者や遺族の思いとの溝を埋める検察の努力は、始まったばかりだ。

2　涙の論告求刑

悲惨な最期に思い

二〇〇二年十一月八日、さいたま地裁三〇一号法廷に響いていた声が、途切れがちになった。

埼玉県熊谷《くまがや》市の男性会社員（当時四十一歳）殺害事件で起訴された右翼団体幹部の男（三十八歳、懲役十三年確定）を前に、さいたま地検公判部の検事、開山憲一《かいやまけんいち》（五十七歳）は論告を読み上げる途中、何度も声を詰まらせ、天井を見上げて涙をこらえた。

会社員は同年二月十九日、熊谷市内の店でトラブルになり、店の経営者やこの男らから激しい暴行を受けた後、口封じのため翌日絞殺された。暴行後、殺害されるまで約十時間も車のトランクに監禁されたうえ、遺体は工場で廃車とともにプレス機で圧縮され、中国に輸出されるという悲惨さだった。会社員には妻と幼稚園に通う長女がいた。事件がなければ、その週末には、一家で水族館に出かける予定だった。

開山が涙を見せたのは、論告が、命をまさに奪われようとする会社員の思いを察する部分にさしかかった時だった。

「胸中には、妻や幼い子を残して死にたくない、家族の元に戻りたいという、悲痛な叫びが響いていたに違いない」――。

事件後に体調を崩した妻を、長女が「パパがいなくても寂しくない」とけなげに励ます場面では、何度も途中で朗読を中断させた。

傍聴席では、息子を失った母親（六十八歳）が開山の姿を見つめていた。

土下座した被告

「家が貧しかった」という開山は、地元・北海道の高校を卒業後、すぐに国立大学の職員になり、約十四年間勤めた。その間に通信教育で法律を学び、司法試験に合格。当初は「地元で弁護士に」との思いもあったが、司法修習で教官から誘いを受け、三十四歳で検事の道を歩み始めた。

「年をとると、どうも涙もろくなって」と苦笑するが、法廷での涙には、自身の体験もにじんでいた。

検事任官五年目。東京地検公判部に勤務していたころ、官舎で突然、心筋梗塞《こうそく》に襲われた。死線をさまよい、一か月半もの入院生活を強いられた。妻と二人の男の子を抱え、「このまおれが死んだら、幼い子どもたちは……」という思いが頭をよぎった。

家族を残したまま、理不尽な形で人生を断ち切られた会社員の無念は、察するに余りあった。

開山はこの日、男に懲役十五年を求刑した。すると男は、「残された家族を思うと、胸が締め付けられる思いがする。本当に申し訳ありませんでした」と傍聴席の遺族に向かって土下座した。

母親は息子の命を奪った男の顔など見たくないと、思わず顔を背《そむ》けた。だが、「自分たちの思いが、検事さんの涙を通じ、少しはこの男にも伝わったのではないか」と感じた。「物言えぬ被害者や遺族の気持ちを私たちが代弁することで、少しでも被害感情の慰謝につながれば」。開山は、そんな思いで法廷に立っている。

被害者の言葉を胸に

厳しい取り調べや法廷で被告を追及する姿で知られる検察官は、一般的に厳格なイメージが強い。しかし、釧路《くしろ》地検北見《きたみ》支部の支部長を務めた検事、大野《おおの》雅祥《まさよし》（三十五歳）も、法廷で涙を流したことがある。

二〇〇三年五月八日、釧路地裁北見支部。北海道北見市の資産家夫婦刺殺事件の公判で、一人残された長女（四十七歳）の供述調書を法廷で読み上げた。

「失って初めて両親の深い愛情に気づいた。幸せな老後を送らせてあげられないまま、両親を失ったことが悔しくて悲しい」。長女の胸中を思うと涙があふれ、言葉が続かなかった。

大野は遺族や被害者のいる事件では必ず被害者側の供述調書を読み上げる。「被害感情をしっかりと被告に聞かせることが、罪の重さを自覚させ、反省を促すことにもつながる」と信じるからだ。

大野が被害者の心情について深く考えるようになったのは、その前年、神戸地検時代に担当した死亡交通事故がきっかけだった。夫を失った妻や長男から、「検事に会いたい」「起訴状がほしい」などの要望が寄せられた。事件・事故の処理に追われ、任官四年目という若さもあった。「なぜそこまで応えなければならないのか」と反発心を抱き、「正直、冷たい対応をしてしまった」と振り返る。

納得しない妻らは、被害者支援に取り組む弁護士を連れてきた。「遺族に起訴状を渡す前例がない」という大野に、妻は「真実を知りたい」「被告を許せない」と涙ながらに訴えた。遺族の真剣さが伝わってきた。「もし、自分が同じ立場だったら、何を求めるだろう」。大野はそう考え、公判のたびに審理経過を遺族に説明するようにした。

被告が実刑になると、遺族は再び大野のもとを訪れた。「検事さんに事件を担当してもらって良かったです」。若い長男が口にした言葉を、大野はずっと大切にしている。

3　異例の起訴取り消し

前例のない決断

「よし、それでいいだろう」

二〇〇〇年九月、最高検、東京高検、東京地検の幹部が顔をそろえた会議で、検事総長の北島敬介《きたじまけいすけ》（六十八歳）は最後にこう言った。地下鉄、松本両サリン事件など計十七事件で起訴したオウム真理教の麻原彰晃《あさはらしょうこう》こと松本智津夫《まつもとちづお》（五十歳）の公判で、薬物密造四事件の起訴を取り消すという、検察にとって前例のない決断が行われた瞬間だった。

松本公判[*4]はこの時、五年目に突入し、被害者や遺族の間には、遅々として進まない審理に大きな苛立ちが募っていた。一九九六年四月の初公判から数えて百六十回以上の審理を重ねてきたが、判決まであと数年はかかるとされ、長期裁判の典型として社会的にも大きな批判を受けていた。

四事件の起訴を取り消すことで、短縮できる審理期間は「最長一年」。長期化の批判に応えるには、あまりにもささやかな数字だ。東京地検検事正の甲斐中辰夫《かいなかたつお》（六十五歳）はこの試算を示したうえで、「しかし、公判長期化への批判が高まっている現状からすれば、起訴取り消しもやむを得ないと考えます」と、地検としての決定を淡々とした口調で述べた。

首脳を前に異例の発言

ここで甲斐中は、会議に同席させていた同地検公判部長の小貫芳信《おぬきよしのぶ》（五十六歳）に向き直った。「東京地検としての結論は以上の通りです。しかし、現場の意見もあるので」と、小貫に発言を促した。

「公判部では、『起訴取り消しは避けるべきだ』という声が大きいです」。小貫は口を開いた。

そして、「事件の全体像を明らかにするために必要です。審理期間の短縮に向けた工夫は続けるので、引き続き十七事件でやらせてほしい」と続けた。

意思統一が絶対の検察組織。首脳陣を前にした異例の発言だった。甲斐中が会議に先立ち、小貫に対して「現場の意見は自由に話してもらっていい」と伝えていたからだった。

起訴取り消しの必要性はわかっていながらも、犯した罪が問われないことは検察官として許せない――。審理期間の短縮をめぐっては、東京地検内部でも意見が大きく分かれていた。小貫は当時の公判部内の議論を、「迅速審理かそれとも被害者の応報感情か、の行きつ戻りつだった」と振り返る。意見は割れたままだったが、最後は甲斐中が検事正として起訴取り消しを決断した。小貫は「最後は、被害者の感情を考えるからこそ、迅速審理に協力しなければならない、と自分を納得させた」という。

正式発表は二〇〇〇年十月四日。記者会見した同地検次席検事の上田《うえだ》広一《こういち》（六十一歳）は事前に、公判部から上がってきた発表文に筆を入れた。「未曾有《みぞう》の被害をもたらし、社会の耳目を聳動《しょうどう》した一連のオウム関係事件の首謀者である被告人松本らに対し、一日も早い判決の言い渡しを切望する被害者・遺族の心情は誰《だれ》しも理解できる」。上田はこの表現にこだわった。

小貫は「起訴を取り消したのは正しい判断だった」と前置きしたうえで、「それでも、たくさん悪いことをした者だけが罪が軽くなる、という前例を作ってしまっていいのか」と今も複雑な思いをのぞかせる。「そういうことは検事として、心情的には絶対に許せない」

検事正名の手紙

松本公判での検察の苦渋の選択は、一九九七年十二月にもあった。

松本ら十七被告について、地下鉄、松本両サリン事件の死者十九人と負傷者三千九百三十八人のうち、死者と十八人の重傷者を除く全員を審理対象から外す「訴因《そいん》撤回」を決めた。弁護側が供述調書に同意せず、負傷者全員と診断した医師らを法廷に証人として呼んだ場合、検察側の立証だけで「二十五年」という途方もない時間を費やさねばならない状態にあった。

「早期に判決を得ることが、被害に遭《あ》われた皆様の意思に沿うものであり、やむを得ず、訴因の撤回という措置をとることとしたものであります」

同地検は、訴因撤回した三千九百二十人全員に、石川達紘《いしかわたつひろ》検事正の名前で手紙を送った。宛名はすべて手書き。被害者の気持ちを少しでも和らげたいという配慮だった。

理解示した被害者・遺族

地下鉄サリン事件に遭遇《そうぐう》し、加療三か月と診断された光野充《こうのみつる》さん（六十三歳）は、この手紙を受け取った一人。光野さんは「一向に進まない裁判を見れば、検察の決定には同意せざるを得なかった」と語る。

同事件で営団地下鉄職員の夫を亡くした高橋《たかはし》シズエさん（五十八歳）は、「四事件の起訴を取り消すのと、最初から十三事件しか起訴しないのとでは全く違う。十七もの事件を主導した、どれほどひどい犯罪だったかがわかるから」と、二度目の検察の決断に理解を示した。

東京地裁は初公判から八年近くを経た二〇〇四年二月二十七日、松本に死刑判決を言い渡した。松本の弁護団は東京高裁に控訴《こうそ》したが、控訴趣意書を期限までに提出しなかったことから、同高裁は二〇〇六年三月、公判手続きを打ち切る異例の控訴棄却を決定。弁護団はこの決定に対する異議申し立てを棄却されたため、最高裁に特別抗告する事態となっている。

「裁判が終わっても私たちの生活は何も変わらないけど、心のけじめだけはつくのに……」。同じく営団地下鉄職員の夫を亡くした菱沼美智子《ひしぬまみちこ》さん（六十一歳）は言う。被害者や遺族が松本公判の呪縛《じゅばく》から解かれる日は、いつになるのだろうか。

4　不起訴の無念

「あなた方がやってくれないで、誰がやってくれるんですか！」

不起訴を伝える

二〇〇二年九月二十九日、東京・霞《かすみ》が関《せき》の検察合同庁舎五階。東京地検刑事部の検事、加島康宏《かしまやすひろ》（四十四歳）は自室のソファに座り、営団地下鉄日比谷《ひびや》線脱線事故で長女（当時二十九歳）を亡くした山崎《やまざき》フミ子《こ》さん（六十二歳）と向き合っていた。思わず声を荒らげる山崎さんを前に、沈黙が続いた。「わかりました、起訴します」。そのひとことが言えればどんなにいいか。しかし、加島にはその言葉を言うことはできなかった。

通勤、通学途上の五人の命を奪い、負傷者六十四人を出した惨事から、二年半の歳月が流れていた。

加島は、警視庁が特捜本部を設置する重要事件を扱う、同地検刑事部本部係の補助として捜査に携わった。この事故での最後の仕事が、不起訴の方針を遺族や被害者に伝えることだった。

専門書を手に

二〇〇〇年三月八日午前九時一分、日比谷線の中目黒《なかめぐろ》駅近くで、下り電車の最後尾車両が脱線、対向の上り電車に激突した。一年後、警視庁は、レールの削り過ぎと軌道のゆがみを放置したことが一因として、営団工務部のレール保守管理担当者ら五人を業務上過失致死傷と業務上過失往来危険の容疑で書類送検した。

同地検刑事部で担当したのは本部係の検事、古賀《こが》正二《しょうじ》（四十八歳）。加島は二〇〇二年七月、国が被告となった行政訴訟を扱う法務省行政訟務課から異動し、捜査に加わって、専従となった。

古賀は、段ボール三箱分の資料を読み進め、警視庁が重視した事故原因以外に、運輸省（現国土交通省）の事故調査検討会が指摘した車両の輪重《りんじゅう》（左右の車輪が下方向に押す力）のアンバランスに着目。このバランスの問題が事故につながった可能性があるとして、加島に重点的に調べさせた。

関係者の事情聴取を進め、専門家からも意見を聞いて、専門書を手にしながら捜査が進められた。他の脱線事故との比較など、さまざまな角度からの検討もした。だが、事故車両は大破し、当時の輪重差は推定さえできない。しかも輪重バランスの管理は、国の通達でも営団の内規でも義務づけられていなかった。警視庁が事故の一因としたレールの削り過ぎなども、営団や他社の安全基準の範囲内で、同じレールを通る他の走行車両に異常がないこともあり、刑事責任を問うのは困難だった。

加島から日々報告を受け、さらに指示していった古賀は、捜査が進むにつれ、起訴は難しいという考えを強くしていった。

捜査や報道を通じ、遺族や被害者の処罰感情の強さは古賀や加島にも伝わっていた。事故の大きさ、多数の死傷者を出した結果の重大性を考えると当然だった。しかし、おおむね捜査を終えた同年九月中旬、「起訴は困難」との結論を固めざるを得なかった。

古賀は「事件の重大性を考えると、納得してもらえるかどうかは別にして、検察が直接、遺族や被害者に説明しなければならない」と思った。

遺族の怒りは当然

自分の考えを上司に諮《はか》り、了承を得た。指示を受けた加島も「誰かがやらなければいけない役目。当然、事件を担当した自分がやるしかない」と感じた。

対象は、遺族と重傷を負った被害者の約十人。特にきちんとした説明が必要、と加島が選んだ。説明は同年九月二十八日から五日間、十月四日の不起訴処分の直前に、主に検察庁舎で行った。

加島はまず、相手の近況から尋ねた。怪我《けが》の具合、最近の生活の様子……。その後、事故の話を切り出した。事故の発生の状況や、捜査の経過、捜査を進めてわかったことなどを、わかりやすい言葉を選びながら説明したうえで、「残念ながら刑事処分は難しいです」と告げた。処分前でもあり、「不起訴」という言葉はあえて避けた。

時間の制限は設けなかった。「納得できない」「誰も責任が問われないなんておかしい」。

説明に納得できず、厳しい処罰感情をあらわにする人も多かった。失った肉親への途切れることのない思いや、いまだに癒《い》えない電車への恐怖など、心の傷の深さを改めて聞き、加島自身もつらくやりきれない気持ちが残った。どの遺族・被害者に説明しても、すっきりすることはなかった。

それでも加島は、「とにかく自分にぶつけてもらうしかない」と思っていた。「起訴すれば、被害者の無念は調書や証言の形で公判に出る。しかし、不起訴ではそうはならない。被害者が思いの丈《たけ》を話せるのは今、この時しかない」

批判は検事に

二〇〇五年三月、事故から五年が過ぎ、**公訴時効**[*5]を迎えた。

だが、麻布《あざぶ》高校二年だった長男（当時十七歳）を亡くした富久邦彦《とみひさくにひこ》さん（五十八歳）はいまだに、不起訴処分に納得できない。「法律上の問題があったのなら、検事は法を変えるべく声を上げてくれたっていい。誰も責任を問えなかったのは、検事の力量不足だ」。山崎さんも「起訴されれば世間の話題にも上り、こんな事故を二度と起こしちゃいけないと再確認できる。でも、不起訴はそれで終わり。二度と話題にも上らない。それではあんまりだ」と話す。

ほとんどの遺族は、東京メトロ（旧営団地下鉄）が毎年三月、事故現場で営む慰霊祭に同席したことはない。

遺族の憤りを、古賀も加島も当然と受け止める。加島は言う。「仮に自分の身内が同じ事故にあったら、私だって納得できないだろう」。古賀も「なんとかしたいのは山々だったが、法と証拠に基づいて判断せざるを得なかった」と振り返り、「遺族の思いに応えることができなかった以上、批判は検事が受け止めるしかない」と思っている。

5　断腸の思いの無期求刑

責任能力の壁

「誠に断腸の思いではあるが、刑を軽減し、無期懲役に処するのが相当」

二〇〇四年十一月十日の東京地裁四一〇号法廷。東京地検公判部の検事、菊《きく》池《ち》静香《しずか》（四十四歳）は、論告求刑をそう締めくくった。遺族に申し訳ないという気持ちを、「断腸の思い」という言葉に込めた。

被告人席の元自衛官藤井《ふじい》智洋《ともひろ》（三十二歳）は二〇〇〇年と二〇〇二年、面識のない二人をナイフで刺殺、殺人罪などに問われていた。「非人間的な行動に怒りを覚えずにはいられない。極刑以外に選択の余地はない」。厳しい言葉が論告に並んだが、求刑は無期懲役にとどめざるを得なかった。「被告が心神耗弱《こうじゃく》[*6]状態だったことは否めない」からだった。刑事裁判では、被告の責任能力が不完全なら、刑を軽くしなければならない。

菊池の上司、公判部長の西川克行《にしかわかつゆき》(五十一歳)は、『断腸の思い』という、あの言葉には躊躇《ちゅうちょ》した。そこまで極刑を求める姿勢をあらわにして良いものかと。でも、主任検事(菊池)の考えを尊重した」と振り返る。

事件は凄惨《せいさん》を極めた。二〇〇〇年九月、東京都北区の団地の一角で、玉田晃一《たまだこういち》さん(当時六十七歳)が突然、背後から首や胸など三十二か所をナイフで刺されて死亡。深夜、馴染みの飲食店からの帰り道だった。二〇〇二年七月には、「百歳まで生きる」が口癖だった斎藤《さいとう》寅一《とらいち》さん(当時七十六歳)が、日課だった朝の散歩中、公園内で同様の手口で命を絶たれた。

動機解明を目指す

同年十一月に逮捕された藤井は、「ふと、誰でもいいから人を殺したくなった」と、常人には理解しがたい動機を語った。藤井には精神科への通院歴があった。

起訴前の簡易鑑定の結果は「統合失調症による心神耗弱」。ただ、犯行前に闇《やみ》に紛れるために黒っぽい服装を選んだり、犯行後には衣服を隠したりと、理屈にかなった行動もとっていた。捜査を担当した検事は起訴時に、「公判次第で死刑求刑も可能」との意見を付けていた。

菊池は、一九九二年に司法試験に合格。弁護士志望だったが、司法修習生時代に検事志望に変えた。「犯人、被害者と向き合いながら、事件を徐々にクリアにしていく検事の仕事にひかれた」からだ。二〇〇四年四月、水戸地検から東京地検に異動し、この事件を担当することになった。

すでに公判は中盤にさしかかっていた。弁護側は公判で事実関係を争わず、改めて精神鑑定を請求していた。同年五月に出された鑑定書では、またも統合失調症による心神耗弱とされ、動機を「殺意が不意に脈絡なく浮かび上がり、殺人衝動を抑制できずに犯行に及んだ」と説明していた。

一方、遺族の調書からは、いつ果てるとも知れぬ苦悩が伝わってきた。「次は家族の誰かが狙《ねら》われるのではないかとおびえ続けた」（玉田さんの妻）、「夫が散歩から帰ってくるのではと思い、今も毎日、昼寝用の布団と枕を用意している」（斎藤さんの妻）。

心神耗弱と認定されれば、遺族が望む極刑にはならない。「動機を合理的に説明できれば、鑑定結果を覆《くつがえ》せるのではないか」と、菊池は考えた。

菊池は、積み上げれば八十センチにはなる藤井や知人らの調書に向き合った。「子どものころにいじめられた相手を殺したかった」「お金をくれない母親が憎かった」「人を殺して逃げ切れるかどうか賭《か》けをしたい」。藤井の調書には、唐突で脈絡のない「動機」が並ぶ。「かけらみたいな供述をつなぎ合わせ、その心境をたどり、動機の連続性を見つけようとした。捜査で『現場百遍』というが、『調書百遍』のつもりで何度も読み直した」

藤井は少年時代から戦争映画を好み、「銃が撃てるから」と自衛隊に入隊。統合失調症を発症して除隊後は、母親に生活を依存した。映画に出てくる戦闘員のようになりたいという「自己実現」への欲求と、自立できない自分への「鬱屈《うつくつ》感」。そこに生来の攻撃的な性格が加わって犯行に及んだ――。調書からは、そんな脈絡が透けて見えた。

菊池は、自分の分析を公判の証人尋問で鑑定医にぶつけた。しかし、「犯行の一因にはなるが、動機を説明するには飛躍がある」とはねつけられた。尋問しながら、「鑑定を覆せない」と感じた。公判後、遺族には、極刑は難しいというニュアンスを伝えた。

求刑は無期懲役に決まったが、菊池は自らが見いだした「動機の連続性」を論告に書き込もうとした。「検事が論告に動機を書き込めないということは、事件を何も理解していないことになる」と思ったからだ。「突発的に殺害を思い立った」という動機では、納得できなかった。改めて調書を一から検討し直し、統合失調症に関する専門書や過去の判例を読みあさった。鑑定医にぶつけた分析を、より詳細に表した。

退けられた主張

二〇〇五年一月二十八日、東京地裁は藤井を心神耗弱と認定し、無期懲役を言い渡した（確定）。動機は「通常人には理解が困難」とされ、菊池の主張は退けられた。

閉廷後、法廷の出口で遺族に深々と頭を下げる菊池の姿があった。遺族は納得していなかった。玉田さんの二男、薫《かおる》さん（三十九歳）は取材に対し、「まともじゃないから人を殺すのに、それが理由で刑が軽くなるなんて……」と無念さをあらわにした。

菊池は語る。「何が何でも死刑にというのではなく、私の見落としで刑が軽くなってはいけないという気持ちで取り組んだ。ただ、遺族を思うと、一人一人と顔を合わせずに法廷を去ることはできなかった」

6　執念の起訴

罪の重さに合わない

千葉地検刑事部の検事、平野《ひらの》達也《たつや》（三十五歳）には、思いも寄らない決定だった。

二〇〇一年八月、千葉家裁で開かれた**少年審判**[*7]。審判の対象は、犯行時十七歳の少年だった。十七、十八歳の仲間二人と、同年六月二十日未明、千葉県船橋《ふなばし》市でたまたま通りかかった明治大学三年の男子学生（当時二十一歳）に襲いかかった。金属バットで何度も殴り、無理やり車に乗せて現金五千円を奪ったうえ、さらに山林で三十分間、バットで殴り続けて殺害した。呼んだ知人が来ず、「誰でもいいから殴りたかった」というのが動機だった。

平野は強盗殺人罪の適用を主張したが、家裁は殺人、恐喝罪での検察官送致（逆送）を決定。強盗罪は、金を奪う際に暴行や脅迫を伴わないと成立せず、家裁は「被害者の反抗を抑圧するほどの脅迫はなかった」と判断した。死刑か無期懲役しかない強盗殺人罪に対し、殺人と恐喝罪なら有期懲役もあり得る。事件の凶悪さと被害者が味わった恐怖を思うと、平野にはとうてい家裁の判断は受け入れられなかった。

供述を再検討

「少年というだけで刑が割り引かれるのは納得できない。死刑にしてほしい」。学生の母親は、少年法によって犯行時十八歳未満の少年は死刑にはできないことを承知したうえで、そう平野に訴えていた。

「遺族感情に応えるには、絶対に無期懲役にしなければ」。平野は、少年たちに覚醒剤《かくせいざい》の使用歴があることなど、野放図《のほうず》な生活の延長で事件が起きたとわかる供述を引き出し、調書に盛り込んでいた。

逆送後、こうした供述内容を再検討した。

「学生が怖がり、金を出すかもしれないと思い、三回くらい殴った」「『金出せよ』と要求した」。最初は金目当てではなかったが、学生を連れ込んだ車内でのやり取りから、平野は「強盗殺人罪の成立は間違いない」と確信し、同罪で起訴した。家裁の決定に異を唱える異例の判断だった。

学生の一周忌にあたる二〇〇二年六月二十日、千葉地裁は三人を求刑通り無期懲役とした（最高裁で確定）。

異動先の札幌地検で判決を聞いた平野は、「これで霊前に報告できる」と思ったが、満足感はなかった。死刑を望んでいた母親が納得することはない。公判で犯意を否認した三人も、心から反省しているとは思えなかった。どうすれば被害者が納得し、犯罪者も更生するような捜査ができるのか。平野の悩みは続く。

苦肉の余罪捜査

新潟地検の検事、和久本圭介《わくもとけいすけ》(四十三歳)は、ホームセンターのコンピューターの記録を見て、「これで追起訴できる」と思った。二〇〇〇年六月上旬のことだ。

新潟県で同年一月、明るみに出た女性監禁事件。九歳から十九歳まで九年二か月間も監禁した前代未聞の事件で、同地検が加害者の男(四十二歳)を未成年者略取《りゃくしゅ》、逮捕監禁傷害罪で起訴して三か月が過ぎ、公判も始まっていた。しかし、この罪だけでは最長でも懲役十年しか科せられない。それでは女性が監禁された期間と大差ない。上司から「ほかに起訴できる事件はないのか」と聞かれるまでもなく、和久本自身も「起訴できるものはすべて起訴する」との思いで、男の調べを進めていた。

男は、女性に着せる衣類などをホームセンターで万引きしたことを自供していた。だが、万引きは通常、現行犯で摘発される。男の場合、その回数があまりに多すぎて、一件一件の犯行の日時と場所を特定するのが難しかった。過去の万引き被害を問い合わせても、被害すら把握していない店舗がほとんどだった。

捜査に焦りが出始めたころ、「一回だけ万引きした店がある」と男が供述していた店が特定できた。オープンして数年の新しい店だった。和久本は自ら店に足を運び、協力を求めた。店には幸い、男が盗んだキャミソール四枚（約二千四百円分）の仕入れ記録が残っており、被害が確認できた。

和久本は同年六月二十六日、窃盗罪で男を追起訴した。それは、起訴分と併せると、懲役十五年まで求刑できることを意味した。

だが、万引きという〝微罪〟で追起訴し、量刑を重くしようとした検察の姿勢に、裁判所の評価は分かれた。一審・新潟地裁は二〇〇二年一月、検察側の主張をほぼ認め、男を懲役十四年（求刑・懲役十五年）の実刑としたが、二審・東京高裁は「併合罪[*8]の解釈を誤り、違法」として刑を三年軽減した。結局、最高裁が二〇〇三年七月、一審判決を支持し、同十四年が確定した。

女性にとって、監禁された九年二か月は心身の成長に重要な時期で、人生そのものを奪われたに等しい。「罪の重さに見合った量刑を」と考えてきた和久本は、今でも「もっと重い罪はなかったのか」と自問することがあるという。

7　連続上告

量刑を問う

「短大生焼殺、二審は死刑」。元検事総長の土肥《どひ》孝治《たかはる》（七十一歳）は、二〇〇五年三月二十九日に東京高裁が出した死刑判決を伝える記事に目を留めた。静岡県三島《みしま》市の女子短大生を暴行したうえ、灯油をかけて火をつけ、焼き殺した凄惨な事件。裁判長の田尾《たお》健二郎《けんじろう》は「体を縛られ、身動きがとれない状態で焼き殺された被害者の無念、苦痛はいかばかりか」と述べ、一審の無期懲役判決を破棄、被告の男に死刑を言い渡した（被告はその後、上告《じょうこく》）。被害者が一人で、金目当てでもない殺人事件で、極刑は異例だ。「死刑になるべき事件で厳正な判断をしてもらえるようになった。流れは変わってきた。あの時、決断しておいて良かった」と、土肥は思った。

「あの時」は八年前にさかのぼる。

一九九六年一月、検察トップとなった土肥は、最高検での就任あいさつで、「検察としてはまず被害者とその家族の収まらない気持ちを重視すべきだ」と「被害者重視」の考えを打ち出した。そして、「不当に軽い量刑は被害者側や社会の感情をおろそかにするもので、司法への信用を失墜させる」と、裁判での量刑に、より留意するよう部下たちに求めた。

しかし、裁判所の量刑は、土肥らの感覚とはかけ離れていた。

同年四月、甲府信用金庫職員・内田《うちだ》友紀《ゆき》さん（当時十九歳）誘拐殺害事件で、東京高裁は一審に続いて無期懲役の判決を言い渡した。金に困ったセールスマンが友紀さんを絞殺したうえ、遺体を川に捨て、同信金に身代金四千五百万円を要求した事件。裁判長は、「近年の死刑の適用傾向を見ると、殺害された者が一名の事案については、やや控えめな傾向がうかがわれる」とし、「死刑には、躊躇を覚えざるを得ない」と結んだ。

傍聴席には甲府地裁の一審から欠かさず傍聴してきた友紀さんの父母と姉の姿があった。母親の直美《なおみ》さん（五十七歳）は「失われた命は一つでも二つでも同じ。裁判官は、『躊躇する』といいながら、最後になぜ犯人の方に傾いてしまうのか」と嘆き、嗚咽《おえつ》を漏らした。

判決の数日後、友紀さんの両親は、東京高検を訪ねた。検事は、「被害者が一人の場合、（死刑は）難しいんですよ」と申し訳なさそうな表情を見せたという。判決はそのまま確定した。

同年十二月、被害者が二人の「アベック殺人事件」で名古屋高裁が一審の死刑を破棄して無期懲役の判決。一九九七年一月には、被害者が三人の「つくば妻子殺害事件」の控訴審で一審に続く無期判決。死刑求刑事件で検察の〝敗北〟が続いたが、上告はしなかった。当時、土肥の下で最高検刑事部長を務めていた堀口勝正《ほりぐちかつまさ》（六十七歳）は、「死刑をなるべく回避するという裁判の傾向に対し、上告しても仕方がない、というあきらめが検察内部にも根を張っていた」と言う。

無期懲役への疑問

「これは度を越していないか」。堀口は同年二月、刑事部内の昼食会の後、部下の検事たちに、報告を受けたばかりの広島高裁判決への疑問を投げかけた。

強盗殺人事件で無期懲役判決を受けた男が、仮釈放中に独り暮らしの高齢女性を殺して預金通帳などを奪い、再び強盗殺人罪に問われた。しかし、高裁は「反省悔悟の情が認められる」と、一審同様、またも無期懲役を言い渡したのだ。

刑事訴訟法は、量刑不当による上告を原則として認めておらず、「量刑が軽すぎて著しく正義に反する」と言えなければ、上告はできない。刑事部内では「被害者が一人だし、上告理由がないのでは」という意見も多かった。だが、過去十年の裁判例をみても、仮釈放中に強盗殺人を犯して死刑を免れたケースはなかった。堀口は土肥の決断を求めることにした。

「仮釈放中の人間に殺されては、国民は納得できませんよ」。堀口の問いかけに、土肥は「うーん」とうなってしばらく黙った後、「やってみるか」と言った。一九八一年の「連続四人射殺事件（永山《ながやま》事件）」での上告以来、無期懲役の量刑を不服とする戦後二度目の上告が決まった。

「裁判の傾向を追認していたのでは、流れを止められない。裁判の流れを変えたい。国民が納得していないというメッセージを発しないと」と、土肥は思ったのだという。

異例の上告は一九九八年一月まで五件続いた。被告に対して刑が寛大になる傾向（寛刑化《かんけい》）に抗する検察の姿勢を決定づけたのは、一九九七年五月の東京・国立《くにたち》主婦殺害事件での上告だった。

最高裁の判断仰ぐ

白昼、もてなしてくれた主婦に乱暴したあげく惨殺し、金を奪った事件。東京高裁はしかし、被告が謝罪するなど「規範意識に目覚めるきっかけを得つつある」として、一審の死刑判決を破棄し、無期懲役にした。

東京高検は、いったん「上告不要」の結論を出した。殺害の手口はこれ以上ないほど残虐だったが、被害者が一人である点が上告をためらわせた。

高検の意見を受け、最高検では土肥、堀口らが対応を協議した。午前中から始まった協議は、昼を過ぎても結論が出なかった。公判での被告の供述も検討したうえ、土肥は「被告は弁護士の言葉に相槌《あいづち》を打っているだけで、本当は反省していないのではないか」と、高裁判決の認定に疑問を示した。堀口も、「一審の裁判官が死刑を選択したのに、我々が逃げるわけにはいかない」と言った。結論は、「上告すべし」だった。

「今後、検察全体として（上告の）基準を変えるというのなら、異存はない」。最高検の意向を聞いた高検幹部はそう言い、「上告相当」に意見を改めた。

検察側は同年十月に提出した上告趣意書で、被告の反省の情など主観的事情を酌《く》んだ高裁判決は、罪と刑のバランスを重視し、死刑適用の基準を示した最高裁判決の「永山基準」[*9]に反しており、著しく正義に反する、と主張した。

五件の上告に対する最高裁の判決・決定は、一九九九年十一、十二月に相次いで出された。検察の上告が受け入れられ、「無期では軽すぎる」と二審判決が破棄されたのは、最初に上告された広島の女性強盗殺人事件だけで、他の四件は上告が棄却された。だが、国立事件の判決は「被害者が一名の事案でも、極刑がやむを得ない場合があることは言うまでもない」「（被告の謝罪、反省などの）主観的事情は、過度に重視することは適当ではない」と、検察の主張にも理解を示した。

翌年二月、婦女暴行事件の被害者が警察に届け出たことを逆恨みして出所後に刺殺した「日本たばこ産業女性社員殺害事件」の東京高裁判決は、一審の無期判決を破棄し、死刑とした（最高裁で確定）。二〇〇四年十月には、群馬県大胡町《おおご》（現前橋市）で女子高生が殺害された事件で、東京高裁が一審の無期懲役を覆して死刑を言い渡した。そして、三島の短大生焼殺事件での東京高裁判決。検察が「寛刑化」と呼んだ傾向は、反転したように見える。

土肥は今でも講演で、この「連続上告」を取り上げることがある。「刑事司法に被害者の悲しみ、苦痛が十分に反映されていないと思ってやったが、かなり思い切りが必要だった」。土肥たちが投じた一石の余波は、今も続いている。

8　隼君事件の教訓

被害者対応の見直し　交通事故捜査をめぐる検察の被害者対応が問題となった「片山隼君《かたやましゅん》事件」で、法相の下稲葉耕吉《しもいなばこうきち》（七十九歳）が衆院法務委員会で謝罪したのは、一九九八年五月二十日だった。

「対応がきわめて不十分だった。ご迷惑をかけ、不快な思いをさせたことを心からおわび申し上げる」

小学二年生の息子、隼君（当時八歳）を亡くした片山徒有《ただあり》さん（四十八歳）、章代《あきよ》さん（四十四歳）夫妻を前に、頭を下げた。

事件を教訓に、東京地検は、被害者や遺族の問い合わせに応じる「交通事件連絡室」（現在は被害者支援員に一本化）を設置。同年二月に「被害者の立場から見た検察権行使のあり方」をテーマとする分科会を設けていた最高検の「**検察問題調査会**」*10も、その議論を加害者の刑事処分や公判期日、判決内容などを被害者に知らせる被害者通知制度の一斉導入、不起訴記録の一部開示につなげた。

最高検総務部長として分科会の座長を務めた頃安健司《ころやすけんじ》（六十三歳）は、「検察が組織として、改めて被害者のことを真剣に考える大きな契機になった」と振り返る。

不起訴の理由に説明なし

隼君は一九九七年十一月二十八日朝、登校途中の東京都世田谷区砧《きぬた》の横断歩道で、ダンプカーにひかれて亡くなった。約四十分後、運転手（三十九歳）は道路交通法違反（ひき逃げ）と業務上過失致死の現行犯で逮捕された。

運転手が当然、起訴されたと思っていた徒有さんは一九九八年一月二十三日、公判期日を知るため東京地検交通部を訪ねた。担当副検事の後任がいったん顔を見せたが、結局、事件の記録が保存されている総務部に回された。そこで対応に出た女性の検察事務官の言葉に、目の前が真っ暗になった。

「不起訴処分が出ています」

「公判でどういうことがあったんですか」

「公判はないんです」

「警察の話と違う！　どういうことですか」

「説明する義務はありません」

納得できない徒有さんは、事務官の手元に置かれた分厚い事件記録を見せてほしいと食い下がったが、拒否された。実は、警視庁成城《せいじょう》署から身柄送検された運転手は、十日間の拘置後、一九九七年十二月八日に釈放され、その十日後には不起訴処分（嫌疑不十分）になっていた。

突きつけられた疑問

徒有さんは、「不起訴自体がおかしいし、親なのになぜ処分理由を説明してもらえないのか」と憤った。支援者とともに、新たな目撃者捜しと再捜査を求める署名活動に取り組んだ。全国から集まった署名は約二十四万人分。検察に対する批判は大きなうねりとなった。同地検は再捜査後の一九九八年十一月、運転手を業務上過失致死罪で在宅起訴し、東京地裁は二〇〇〇年五月、禁錮《きんこ》二年、執行猶予四年の判決（確定）を言い渡した。

不起訴処分にした副検事、清藤重信《きよふじしげのぶ》（六十六歳）は「死亡事故だし、いい加減な捜査はしていない。秘密が捜査機関の生命であり、何を言っても弁解になるので、外部の人には説明しない。定年退職後の今もお答えできない」と言う。上司の交通部長、吉田一彦《よしだかずひこ》（六十歳）は「事件処理の仕方も窓口対応も、当時の判断は間違っていたとは思わないが、今から考えると、もう少し別の方法や、丁寧に説明する余地があったのではないか」と話した。

追われる事件処理の中で

同地検が処理する交通関係の業務上過失致死傷事件は、年間八万件を超える。その約八割が不起訴処分だ。

東京高検次席検事として、隼君事件の再捜査を指示した高野利雄《たかのとしお》（六十二歳）は、「たくさんの事件の中の一つという対応をしてしまったことが、問題だった。事件は容疑者にも被害者にも一生に一度あるかどうか。自分の家族が被害に遭ったとしたら本当にこれでいいのか、と常に自問しながら対応しなければならない」と語る。

「捜査のプロだから任せろと言うが、当事者の気持ちを理解していないのでは国民の納得は得られない」。事件処理に追われる現実にあって、徒有さんの言葉は重い。

＊1　検察官

容疑者を起訴するかどうかの権限を唯一持つ国家公務員。司法試験、司法修習を経て任官する検事のほか、検察事務官から法務省の選考で任命される副検事がいる。副検事を三年以上務め、内部試験に合格した場合も検事になれる。検察官バッジのデザインは、厳しい刑罰や権威のたとえとされる「秋霜烈日」で、検察官の理想と言われる。全国の検事は千四百九十七人、副検事は八百三十一人（二〇〇六年三月現在）。

＊2　拘置期間

検察官が、逮捕された容疑者の身柄を確保して捜査できる期間。裁判官の決定により、容疑者は十日間、拘置所や留置場に置かれる。さらに十日間延長でき、この間、容疑者には取り調べを受ける義務がある。検察官は拘置期間内に起訴するかどうかを決めなければならない。正式には勾留《こうりゅう》期間という。

＊3　論告

刑事裁判で証拠調べがすべて終わった後、検察官が①裁判で立証してきた犯罪事実、②被告の生い立ちや経歴、動機など情状の評価、③適用する法律の解釈――について論じること。最初に検察官が証明しようとする事実を明らかにする「冒頭陳述」と異なり、事件に対する検察官の最終的な意見となる。論告の後、どのような刑罰を被告に科すべきかを述べる「求刑」も併せて行う。

＊4　松本公判

東京地裁での初公判は一九九六年四月二十四日。殺人罪などに問われた松本智津夫被告は、全十七事件で罪状を否認。法廷では不規則発言、居眠りなどを繰り返した。公判は、月三～四回のペースで開かれたが、同地裁史上二番目に長い二百五十七回に達した。一審段階で計十二人の国選弁護人に支払われた報酬は、一人の被告分としては過去最高の総額約四億五千二百万円。

＊5　公訴時効

起訴できる期限。犯行後、一定期間が経過し、時効が成立すると起訴できない。法律で定められた刑の重さによって、期間は異なる。最高で懲役・禁錮五年が科せられる業務上過失致死傷罪の時効は五年。二〇〇五年一月施行の改正刑事訴訟法で期間が一部延ばされ、殺人など死刑に当たる罪は二十五年（改正前十五年）、無期懲役の罪は十五年（同十年）となった。

犯人が海外に出国している間は、時効が停止する。

＊6　心神耗弱

精神障害などが原因で、善悪を判断する能力が不十分な状態。犯行時、この状態だった場合は、刑事責任能力は限定的と判断され、刑を軽減しなければならない。このため、心神耗弱では死刑を言い渡されることはない。また、責任能力が全くない状態を心神喪失と言い、この場合は無罪となる。精神科医による精神鑑定などをもとに、裁判所が判断する。

＊7　少年審判

罪を犯した二十歳未満の少年や、法に触れる行為をした十四歳未満の少年・児童らについて、家裁が事実の認定と、保護観察、少年院送致など必要な処遇を決めるために行う。審判は非公開。二〇〇一年四月施行の改正少年法で、故意の犯罪行為により被害者を死亡させるなど重大事件については、検察官も出席できるほか、複雑な事件では、裁判官三人による合議もできることになった。

＊8　併合罪

懲役刑・禁錮刑が科される罪を複数犯した場合、最も重い刑の上限の一・五倍が最終的な刑の上限となる。罰金刑の場合は、上限の金額を単純に合計した額が全体の上限となる。米国のように、それぞれの罪に対する刑を単純に加算する国もある。

＊9　永山基準

犯行時十九歳だった被告、永山則夫による連続四人射殺事件（永山事件）で、一九八三年七月の最高裁判決が示した基準。死刑か無期懲役かを判断する要素として、動機、残虐さなど犯行の態様、被害者の数など結果の重大性、遺族感情、犯行後の情状などを挙げ、やむを得ない時は死刑が許されるとした。そのうえで、被告を無期懲役とした東京高裁判決を破棄、高裁に審理を差し戻した。一九九〇年五月、二度目の最高裁判決で最終的に死刑が確定した（一九九七年八月、死刑執行）。

＊10　検察問題調査会

検事への任官希望者をどうすれば増やせるかを議論するため、一九九〇年一月に発足。検察の方針作りや個別問題の解決に役立つ材料を提供するための勉強会のような存在だったが、現在はない。検事総長を会長に、最高検の次長検事と部長、検事、事務局長のほか、東京高検と東京地検の各次席検事が委員だった。

第二章　最前線は今

法務・検察の現場に「改革」の風が吹き始めている。国民が重大な刑事裁判に参加する裁判員制度への対応が、その中心だ。過去に例のない司法の転機を前に、捜査・公判の見直しが進む最前線を追った。

1　想定は「三日間での判決」

最高検からの宿題

奈良地検検事正の山本信一《やまもとしんいち》（五十六歳）は二〇〇五年二月初め、最高検から与えられたテーマに、「大変な宿題だ」ととまどった。

奈良市で二〇〇四年十一月に起きた女児誘拐殺人事件。二〇〇九年には導入される**裁判員**[*1]制度のもと、裁判を三日間で終わらせると仮定すると、検察は立証できるのか――。公判どころか、被告の小林薫《こばやしかおる》（三十六歳）が再逮捕されてまだ十日余りだったが、各地検の検事正ら法務・検察幹部が集まる二月二十三日の「検察長官会同」で、報告するよう求められた。わずか三週間。実際の公判準備のかたわら、このシミュレーション（想定実験）に取り組んだ。

立証は四時間半

三日間と言っても、判決の言い渡しや弁護側の反証を除けば、立証のため検察に与えられるのは、せいぜい四時間。起訴状朗読や冒頭陳述、論告求刑など必要な手続きに一時間をあてると、裁判員に証拠を説明できるのは三時間程度しかない。被告が犯行を認めているとはいえ、証拠の数は五百点近くに上る。東京地検でオウム真理教の松本智津夫《まつもとちづお》の公判を長く担当するなど経験豊富な山本は、「証拠の数を絞り込み、証拠調べの方法も工夫しなければ」と考えた。

証拠には重複があった。たとえば被告の犯行日前の行動。関係者の供述調書以外に、これらの供述をまとめた捜査報告書がある。これを代用するなど証拠を取捨選択すると、その後の公判で実際に請求した四百十五点を下回る三百二十点まで絞れた。犯行状況や被告宅の捜索結果の説明に各二十分、自白調書の読み上げに四十分、遺族の証人尋問に一時間……。最低限必要なことは計算上、四時間半で終えることができると結論づけた。

四月に奈良地裁で始まった実際の公判では、起訴状の読み上げから自白調書など証拠の要旨朗読まで約四時間だった。弁護側の請求で実施された小林の情状鑑定に伴い、審理は約九か月中断したが、二〇〇六年六月に結審（求刑・死刑）、九月に判決が言い渡される予定だ。

情状の立証に課題

山本が結果を報告した検察長官会同で、検事総長の松尾邦弘《まつおくにひろ》（六十二歳）は、「裁判員制度が導入されれば、公判は判決まで数日が限界だ」と強調、被告が犯行を認めている事件なら二、三日間、否認している事件でも五日間で判決が出ることを想定し、それに向けて取り組むよう強く求めた。

シミュレーションの結果について、山本は「机上の推論だが、立証が短くても裁判員に正しく伝われば、（現行制度と）同じ結論は得られるだろう」と話す。そのうえで、「被告の素行の悪さなどの立証が、今回のシミュレーションには盛り込めなかった。提出するだけで、裁判員に説明しない証拠を、論告にどう反映させるべきか」と、課題も感じている。

山本が証拠を絞る際に頭を悩ませたのは、事件の残虐さなどを短時間で裁判員に理解してもらわなくてはならない点だった。遺族の処罰感情がきわめて厳しいことなど、情状の立証が量刑を決めるのに重要だからだ。

どう裁判員にアピールするか。奈良地検次席検事の稲葉《いなば》一生《かずお》（四十七歳）は、「検察官はこれまで、証拠の書面の要旨を読み上げて提出しさえすれば、後は裁判官に法廷外で目を通してもらうことができた」と話す。別に仕事などを持つ裁判員に、法廷外でじっくり書面を読んでもらうのは難しい。かといって、被告の供述などを検察官の言葉で要約すると、裁判員には無味乾燥に映るだろう。山本と稲葉は「被告や遺族の供述調書はすべて請求し、最も大切な部分を抜粋して読み上げるしかない」という結論を出した。

カギは証人尋問

松尾が判決まで「五日間」とした否認事件は、被告が認めている事件より立証が難しく、**審理期間**[*2]が長引く。

東京地検は、東京、京都、愛知の三都府県で起きた強盗殺人・同未遂事件でシミュレーションに臨んだ。東京地裁で公判中の被告、丸林寿人《まるばやしひさと》（六十五歳）は無職で、飲食店で無銭飲食を繰り返し、失敗すると居直って強盗に及んだとされる。丸林は、京都での強盗殺人未遂について「酔って覚えていない」と無罪を主張、重要な証拠の大半に同意しなかった。証人の都合もつかず、四人について京都地裁などで三日間、出張尋問が行われた。証人はナイフで刺された飲食店店員、逃走する丸林を乗せたタクシー運転手ら。入店から犯行、逃走まで詳細に尋ね検察側だけで二時間十分を費やした。

否認事件では、証人尋問が時間短縮のカギを握る。検察側が証拠として提出した供述調書に弁護側が同意しなければ、関係者らの証言で立証する必要があるためだ。

シミュレーションには、公判部検事の小林健司《こばやしけんじ》（四十七歳）と、実際の公判も担当している湯沢昌己《ゆざわしょうじ》（四十歳）があたった。争点は、犯行時、記憶を失うほど酔って判断能力を失っていたかどうかだ。湯沢は「そこに絞れば尋問を短くできる」と考えた。証人への質問には、事実の経過を盛り込んで確認するのにとどめ、店員からは「（被告は）機敏な動作で犯行に及んだ」、運転手からは「被告が警官の姿を見かけた時、『止まるな、ぶっ殺すぞ』と脅された」など、立証の核になる証言を引き出せればいいと割り切った。質問項目を見直した結果、百五十問が五十四問になり、尋問は五十五分に短縮された。証拠も絞れば、「五日間」の課題を達成できる見通しになった。

だが、「穴」があった。「証人の都合がつかなくなるだけで審理計画は崩れ、被告が否認の仕方を変えれば別の立証が必要になる」と小林。また、弁護側の反対尋問の時間を検察側の尋問と同じ程度と見込んでいるが、実際は、弁護側が検察側の弱点を探そうと詳細に質問し、何倍もかかることが珍しくないからだ。「不確定要素にどう対処していくか」。小林の心配は尽きない。

「国民が大きな代償を払う以上、検察官が意識を変えるのは当然。新制度での立証の困難さは、国内登山とエベレスト登山ほどの違いがあるが、失敗は許されない」。松尾の危機感は強い。最高検は全国五十地検に、被告が認めている事件と否認事件についてシミュレーションを課し、その後、結果が報告された。

2　わかりやすさの追求

「わかりやすかったが、もうちょっと身ぶり手ぶりを交えてほしかった」
「正直言って、弁護士役の方が迫力があった」

模擬裁判で訓練

大阪地検が二〇〇五年六月二十一日、裁判員制度の導入に向けて内部で実施した模擬裁判。その反省会で、裁判員役を務めた採用二年目の検察事務官や公用車の運転手ら四人が、検事の立証活動の出来に忌憚《きたん》のない意見を出していた。

模擬裁判は、捜査や公判の経験がない職員を裁判員役にして、一般市民の裁判員に対してどのような立証方法が効果的かを見つけ出すのが狙いだ。五回目のこの日は、起訴状朗読に始まり、冒頭陳述、証拠説明まで行った。

題材は、派遣型風俗店の客が自殺の道連れに店の女性を刺殺したが、自分は死にきれなかったという事件。「主任検事」は、同地検が二〇〇四年七月、裁判員制度の導入に向けて作ったプロジェクト・チームのキャップで、任官十二年目の公判部検事、大串雅里《おおぐしまさのり》（三十八歳）が務めた。

裁判員席の横に置かれたスクリーンに現場の見取り図が映し出された。「被害者に落ち度があるか、が争点です」と大串が強調して、冒頭陳述を締めくくった。

大串の同僚検事が務める「弁護士」の意見陳述の後、検察側が請求した証拠について、証*3

拠調べが行われる。提出した証拠は二十点。裁判員制度では、それぞれ仕事などを持つ裁判員のため迅速さが求められる。裁判員が読み切れない調書や死因とは直接関係のない解剖写真を外すなどして、証拠数を実際の公判の三分の一まで減らした。

事件現場の写真はプロジェクターを使って見せ、供述調書は重要な部分にマーカーを引いて裁判員役に渡した。被害者の婚約者の供述調書を読み上げる時は、裁判員役の目の前に歩み出て、悲嘆にくれる婚約者の心情を訴えた。

約一時間で、この日の模擬裁判は終了。検事らは別室に移って反省会を開き、裁判員役から意見を聞いた。

反省会で課題を整理

女性事務官（二十歳）が「被告がなぜ高校を中退したのかわからなかった」と口にした。彼女は、被告が自暴自棄になっていったきっかけが気になったようだった。裁判長役だった公判部副部長の北川健太郎《きたがわけんたろう》（四十五歳）が「被告の身上に関する調書は飛ばしたが、読んだ方が良かったかな」と応じる。今度は別の女性事務官（二十五歳）が「日時の流れが頭の中で整理できなかった。経過表があればよかった」「立証趣旨という言葉が難しかった」と指摘した。

反省会を終えた大串は、「すべてが参考になった」。北川は、「裁判官は必要ないと思っても、裁判員は関心を持つ事柄がある。立証を早くしようとした結果、被告の人となりへの関心に十分に応えられなかったかもしれない」と、反省点を挙げた。

大阪地検が進めているもう一つの試みは、裁判員制度を想定した公判活動を実際の法廷で行うことだ。

傍聴席に謎かけ

大阪地裁で二〇〇五年六月十日に開かれた放火殺人事件の初公判。大学生だった被告（二十歳）が、自宅に灯油をまいて火をつけ、二階で寝ていた母親が死亡したという事件だ。罪状認否で被告は、「母と死のうと決め、一緒に火をつけた」と、か細い声で殺意を否定した。続いて検察側の冒頭陳述。公判部検事の石塚隆雄《いしづかたかお》（三十四歳）が、傍聴席と裁判官を交互に見やりながら、火災の概要を説明した。

冒頭陳述には、過去四回の模擬裁判で得られた成果が生かされていた。

職員からは、「わからない表現があるとずっと気になって、あとの説明が頭に入らない」という意見が出されていた。そこで、刑法の条文にある「焼損《しょうそん》した」という言葉は、すべて「焼けた」と言い換えた。「火をつけて」と言う時には右手を伸ばして火をつけるポーズをとった。

模擬裁判では、犯行状況を物語風に述べてから、争点に沿った主張に入っていくという構成が、最も理解しやすいとの結果も出ていた。石塚は事件の概要を説明した後、謎《なぞ》かけのようにして、核心へと入っていくことにした。

「では誰が犯人なのかですが……」と傍聴席の方に向かって問いかけ、「お母さんにはそもそも自殺する理由がないんです」「お母さんは眠っている間に死亡したと推認されます」と続けた。石塚は書面を持たず、そらで約三十分の陳述を終えた。

「一般の市民が入ってくると、今までのようなプロの裁判官に対するやり方では理解してもらえない。傍聴席の人たちを裁判員と思って、重要なところはゆっくりと話すようにした」。傍聴席でうなずく人々に、石塚は手応えを感じた。

3 「です・ます調」の論告

専門用語をかみ砕く

鹿児島地裁で二〇〇五年四月十三日に開かれた、殺人事件の二度目の論告求刑公判。論告を二度も行うのは異例だが、鹿児島地検検事の内《うち》田《だ》耕平《こうへい》(三十九歳)が読み上げた論告は、一度目とがらりと変わっていた。

「裁判で解決しなければならない問題点は、被告人に殺意があったかなかったか、具体的に言うと、死んでも構わないと思ったうえで、日本刀で胸を刺したかどうかです。これを『未必《みひつ》の殺意』と言います」「被告人にどれくらいの刑を科すのが相当なのかを説明します」

内田は難解な法律用語をかみ砕いて説明し、〝です・ます調〟を通した。

一九九八年に検事に任官した内田は、一つの文章が極端に長い〝である調〟の法曹界特有の言い回しに、何の疑問も感じなかった。それどころか、好んで多用していた。先輩からも「表現は硬く書くように」と指導されてきた。

だが、二〇〇四年、一般国民が刑事裁判に参加する裁判員制度の導入が決定した。同僚の間で、どうすれば裁判員にわかりやすく伝えられるか話題に上るようになったが、内田の中では「今のままでは確かに、一般の人には難しすぎる。でも、わかりやすく伝えると言っても、どうしたらいいのか」ととまどいがあった。

きっかけとなったのが、この事件の公判だった。男性作業員（当時五十歳）を日本刀で刺殺した土建業の男（四十六歳）は当初、犯行を認めていた。しかし、懲役十二年を求刑された途端、「殺すつもりはなかった」と否認に転じ、審理の再開を求めた。

いったんは男の謝罪を受け入れ、被害弁償の示談《じだん》に応じた被害者の遺族は、「殺意がないわけがない。どうして今さら否認できるのか」と憤り、その悔しさを内田にぶつけた。公判途中に被告の態度が変わったため、論告を再度行う必要がある。内田は、「遺族の気持ちを一〇〇%代弁することはできないが、次の論告ではせめて、事件をもっとわかりやすく遺族に説明しよう」と思い、論告を全面的に書き換えた。法律用語だけでなく、「心囊《しんのう》というのは心臓を収める心膜腔《しんまくくう》を包む膜です」などと、医学用語についても辞典をめくって言い換えを考えた。口語調に改める作業を続けるうち、「こちらの方が絶対に遺族にわかりやすい」と確信した。

求刑は懲役十三年と、一年だけ重くした。公判終了後、傍聴していた遺族から「わかりやすかったです。確かに伝わりました」と声をかけられ、「やってよかった」とほっとした。

同地裁は二〇〇五年六月十五日、未必の殺意を認め、男に懲役十年を言い渡した（男が控訴）。

事件をビジュアル化

東京地裁で二〇〇四年十二月十四日、東京・渋谷の地下鉄駅構内で駅員を銃撃するなどした被告、熊谷徳久《くまがいとくひさ》（六十五歳）の初公判が開かれた。冒頭陳述に合わせ、東京地検公判部の検察事務官、奈良貴美《ならたかみ》（三十一歳）がパソコンのマウスを動かす。法廷に設置された大型スクリーンには、駅の見取り図が映し出され、犯行時の被告の動きが矢印で示された。

わかりやすい公判を目指して始まった「ビジュアル化」の試み。発表用のパソコンソフトを使い、犯行状況や争点を視覚に訴える。

検事を補佐する立場の奈良は、「事件全体を理解しないと図面化できない」と、実況見分調書や供述調書を読み込んだ。だが、最初に作った資料は、内部の検討会で「表現が生々しすぎる」と指摘された。銃弾が命中したことを示すため、流血がわかるように赤くしたが、被害者の感情を思えば行き過ぎだった。奈良は「表現方法に凝《こ》りすぎると、事件そのものの深刻さを薄めてしまう。その加減が難しい」と話す。

書面ではなく口で説明

全国の地検では「口頭化《こうとう》」にも取り組んでいる。書面に頼らず、公判での主張や立証を口頭で行うのだ。「裁判員には、『後で書面を読んで下さい』というわけにはいかない。いかに法廷で**心証**[*4]を得てもらうかがカギ。『紙頼み』は通用しない」。最高検に置かれた裁判員制度等実施準備検討会の事務局長、藤田昇三《ふじたしょうぞう》（五十六歳）は、その意義を強調する。

宇都宮地検では二〇〇五年二月から、窃盗や薬物犯罪など比較的量刑が軽く、被告が犯行を認めている事件の公判では、検察官が、あらかじめ用意した書面を読み上げるのではなく、時々メモを見ながら冒頭陳述や論告を行う取り組みを始めている。

これまで約二十事件で口頭化をこなした同地検検事の山本尚子《やまもとなおこ》（三十三歳）は、「少しずつ表現豊かに話せるようになったし、何より度胸がついた」と言う。山本が担当する公判を傍聴した次席検事の津熊寅雄《つくまとらお》（五十四歳）も、「立証に生き生きとした感じが出てきた」と評価する。

検事正の大野恒太郎《おおのこうたろう》（五十三歳）は、政府の司法制度改革推進本部（二〇〇四年十一月解散）の事務局次長として、裁判員制度の立案などに携わった。「裁判という試合のルールが変わるのだから、プレーヤーが新しいルールを学び、一日も早く習熟しようとするのは当然」。新制度への挑戦をこう表現した。

4 「密室」の公開

攻防

静岡地検検事だった川畑毅《かわばたつよし》（四十九歳）と地検の調べ室で向き合っていた男は、机に伏せて号泣した。

「私が殺しました」。二〇〇一年二月十九日夕。静岡県警に強盗殺人容疑で再逮捕された後、否認し続けていた設計事務所社長の男（五十一歳）は、拘置期限の前日になって自白した。

静岡県・大井川《おおいがわ》港で二〇〇〇年十一月、美術商の女性（当時五十二歳）の遺体の一部が見つかった事件。死体損壊・遺棄容疑で逮捕、起訴されていた男は、「検事さん、あんたは冤《えん》罪《ざい》を作る気か」と食ってかかったが、川畑は、遺体の発見現場近くに残された簡易リュックなどから、「殺害もこの男だ」と確信していた。男は自ら会社を興しただけあって、プライドが高かった。「激高させては調べにならない」。川畑は、雑談を交えながら相手の気持ちをほぐそうと努めた。

「私があなたを犯人だと確信していることくらいわかるはずだ」

「それはわかっている」

「じゃあ、なぜ殺害を認めないんだ」

「やっていないから」

女性が行方不明になる直前、男と静岡県内で接触していたことは、携帯電話の通話記録から明らかだった。それでも男は「会ったけど、すぐに別れた。その後は知らない」「いや実は会ってはいない」と供述を二転三転させた。

供述調書は通常、一人語りの形式でまとめられる。そのほうが簡潔で、証拠書類として読む裁判官にとって流れがわかりやすいとされるからだ。しかし川畑は、「この男の調書は、質問と答えをはっきり記述しないと、あとになって『こんなことは言っていない』と言い出しかねない」と、あえて「問い－答え」の形式にした。

せめぎ合い

川畑は、否認のまま公判を迎えた際、どのような立証方針をとるか、考えをめぐらせつつ、弁解させるだけさせて否認の理由を探る戦術をとった。

拘置期限を三日後に控え、男に変化が見え始めた。

「残された子どものことが心配なの？」

「殺人犯の子どもという汚名を着せられることが心配」

男は自分の家族の行く末を案じていた。川畑はたたみかけた。

「私も子どもがいるので、子どもを思う気持ちはよくわかる。でも、被害者のお母さんのことを考えたことがあるのか」

男は苦悩の表情を浮かべたが、犯行は認めなかった。

それから二日。翌日には起訴しなければならないが、詳しい殺害状況はわからず、凶器も見つかっていない。川畑は勝負をかけた。

「あなたは、家族ではなく、自分のことを守ろうとしているだけだ」

「裁判で有罪が確定すれば、家族は改めてどん底に突き落とされる。家族に期待を抱かせることが、生殺しにするようなものだとわからないのか」

「あなたも家族も、被害者も遺族も、救われる唯一の道は、いま自白することだ」

時計の針は午後四時を回っていた。拘置期限まで残り約三十二時間。男は机に伏せて泣き出した。最初の逮捕から六十九日目。男はついに、タオルで首を絞め、遺体をノコギリで切断したことを認めた。自白通り、ノコギリの刃が自宅近くの川から見つかった。公判でも殺害は認めたが、強盗だけは一貫して否認。法廷での態度は反省とはほど遠く、最高裁で無期懲役が確定した。

可視化をめぐる議論

「密室」での取り調べ。裁判員制度が始まると、その過程をわかりやすく説明することが求められる。被告が公判で自白を覆せば、自白が自発的なものだったかどうかが問題となるからだ。このため、裁判官や弁護士などからは、取り調べを録音・録画（可視化《かし》）すべきだという意見が強まっている。

裁判員制度導入に向け、改正刑事訴訟法の規則を決める二〇〇五年五月の最高裁の委員会。日本弁護士連合会の委員が「取り調べ状況の立証方法として、録音を入れられないか」と提案すると、法務省の委員は「立証は個々の検察官が工夫すればよく、『録音』を規則で示すのは適当でない」とすかさず反論した。

最高検は二〇〇六年五月、東京地検で一部の事件について取り調べの録音・録画を同年七月ごろから試行すると発表したが、全面的な導入にはなお慎重だ。その背景には「自白の獲得」を重視する伝統がある。

検事総長の松尾邦弘は、「取調官が自分の体験を話したりしながら、時間をかけて説得する取り調べが刑事司法の中核で、真相究明には自白が一番役立つ。罪を認めることで被告の反省を促し、更生にもつながる」と語る。

元最高検公判部長で、「取り調べの録音・録画記録制度について」と題する論文を書いている公証人の本江威憙《ほんごうたけよし》（六十四歳）も、「可視化すれば否認事件が増え、状況証拠だけで有罪を立証するのはきわめて難しくなる。真犯人が無罪になるケースが続出し、治安の崩壊を招く」と懸念を隠さない。検察官ＯＢの中にも、供述調書が適正かどうかを裁判員が判断しやすくするため、調書作成時にその内容を捜査官が容疑者の面前で読み聞かせ、署名・押印をさせる「読み聞かせ」の手続きの録音・録画はやむを得ないとする考え方もある。しかし、本江は「容疑者が自白している様子だけが可視化されても、自白までの過程が争われれば、新たな水掛け論が始まるだけだ」と懐疑的だ。

受刑者全体の再犯率は約五〇%と言われる。犯行を自白した場合に限った統計はなく、自白が反省や更生につながっているかどうかは定かではない。ただ、オウム真理教による地下鉄サリン事件を最初に自白した元教団幹部の林郁夫《はやしいくお》（五十八歳。無期懲役が確定）のように、自白が全容解明に大きく貢献し、反省・悔悟《かいご》が顕著なケースがあるのも、また事実だ。

裁判員制度は、捜査機関による取り調べの方法に、変化をもたらすのか。

人格のぶつかり合い

川畑は美術商強盗殺人事件について、「男は自分が殺したことは認めたが、結局、本当の動機を語らせることはできなかった。ただ、全面否認から自白に転じたことで、具体的な殺害方法がわかり、事件の解明に大きく役立った」と振り返り、「もし取り調べがのちに公開される前提ならば、こちらが身構えてしまい、自白につなげるのは難しかったかもしれない」と言う。

「取り調べは人格のぶつかり合い。誠実に、真剣に臨まなければならない。時代が変わってもそこは変わらない」。川畑の信念は、多くの検察官の気持ちの代弁でもある。

5　多様な人材

いじめ克服

東京・霞が関の法務省地下一階講堂で二〇〇四年十月五日、法相の南野知恵子《のおのちえこ》（六十九歳）から辞令を受けた二十三～三十五歳の新任検事（男性五十八人、女性十九人）の中に、マキロイ七重《ななえ》（二十七歳）の姿もあった。

マキロイは米国人の父と日本人の母を持つ。ハワイ生まれで、二歳の時に東京に移り住んだ。幼稚園や小学校では、茶色っぽい髪や瞳《ひとみ》の色のことでからかわれ、友人にまで「マッキーは違う」と言われてショックを受けたこともあった。幼少期のいじめ体験と、弁護士の父の影響で、「つらくても声を上げられない人の助けになりたい」と弁護士を志し、二〇〇二年秋、司法試験に合格した。

マキロイは検察での司法修習[*5]中、若いホストによる万引き事件を担当した。取り調べで「信頼関係ができた」と思ったところ、ホストが恋人の現金三百万円を盗んだことも自ら話し始めた。検事として当然、重い刑を求めなければならない。「私を信用して話してくれたのに」。ジレンマを感じ、トイレで泣いた。

「素直に悩める人こそ、検事になってほしい」。相談した検察出身の女性教官の答えは、意外だった。検察は常に被害者の存在を忘れてはならない、ホストも罪が重くなるのを承知で自白したのだ――と教官に言われた。弁護士志望から検事志望に大きく傾いた。

マキロイは任官一年目の二〇〇五年夏、千葉地検公判部で七十件の公判を受け持ち、冒頭陳述や論告の作成などに追われていた。土日返上も珍しくない。新任検事はいったん東京地検に半年間配属され、大都市圏の別の地検で一年間勤務した後、地方に転勤する。「新しい場所に行くのが楽しみ。まだ半人前だから、早く独り立ちしないと」と前向きに語るマキロイは、「将来は海外で勉強して、立法にも携わってみたい」と目を輝かせた。

元証券マンも

「この業界に未来はない」。証券業界などに約八年間、身を置いた入谷淳《いりたにあつし》（三十九歳）は、不祥事が相次ぐ業界に耐えられず、司法の世界に飛び込んだ。働きながら勉強して司法試験に合格し、一九九八年に任官。東京地検特別公判部で経済事件の公判を担当するなど、経験を重ねてきた。

検事に転身し、「民間での経験が邪魔《じゃま》」と感じる時もある。業界や企業の体質に根付いた犯罪を見ると、かつての自分に姿を重ね、「会社のために働いた男」の末路に同情してしまうからだ。

「我々は、被害者に代わって犯罪者と向き合う責任がある」。修習時代、検察出身の教官の言葉で検事の道を選んだ。

抵抗できない子どもや弱者を食い物にした犯罪……。「これは許せない」と思った人間を警察と一緒に追及し、「適正に処罰できた」と思う時、かつて「数字」だけを追い求めていたころとは違う達成感に満たされる。一方、公判では、被告が起訴事実を認めていても、動機や背景などの立証に膨大なエネルギーを費やす。「被害者のため早く裁判を終えたい」と、もどかしくなることもあった。

司法制度の改革が進む一方で、金持ちが高い報酬で優秀な弁護士を雇い、有利な判決を得ているように思えてならない。「市民が納得し、より信頼できる公平な司法を作りあげたい」。〝サラリーマン上がり〟ならではの目線は、いつまでも失わないつもりだ。

増える検事任官者

マキロイと同期の司法修習修了者は過去最高（当時）の千百三十七人。司法試験の合格者は一九九一年から段階的に増やされており、検事任官者も一九九〇年の二十八人を底に、ここ数年、毎年七十人を超えている。

司法研修所の検察出身の教官、寺脇一峰《てらわきかずみね》（五十一歳）は、「年齢、職歴など多様な人材が集まっていることが、検察の組織の強さにつながっている」と語る。そのうえで、「証拠を見る冷徹な目と被害者に寄り添う心が必要なことは、いつの時代も変わらないが、一般の人が裁判員として刑事裁判にかかわるようになれば、裁判員を説得できるだけの人間的な幅広さがいっそう求められる」と、若手検事に期待している。

6　検事の日常

「独任官庁」の決裁

那覇地検検事の横田《よこた》正久《まさひさ》（三十三歳）の部屋は、庁舎三階にある。

正面に横田、向かって左側の席に検察事務官の瀬底《せそこ》雅裕《まさひろ》（二十七歳）が座る。横田はここで事件の関係資料を読み、公判の準備を行い、容疑者を取り調べる。瀬底は横田のスケジュールを管理し、取り調べに立ち会って供述内容を書きとるなど、補佐役を務める。

検察官は、自分の判断で容疑者の起訴、不起訴を決めるなど事件を処理することができ、「独任官庁」[*6]と呼ばれる。横田の部屋は、いわば独立した一つの〝官庁〟だ。その横田が、同地検検事正、南部義広《なんぶよしひろ》（五十五歳）の部屋で、南部と次席検事の川見裕之《かわみひろゆき》（四十八歳）に、担当する公判の求刑について決裁を求めた。

一九九七年、男が女性（当時二十八歳）の首を絞めて殺害し、現金を奪った強盗殺人事件。二〇〇五年六月三日の公判で、証言に立った女性の父親は、「男には娘以上に苦しんでほしい」と厳しい処罰感情をあらわにした。

「量刑を決めるポイントはどこだ」。南部の質問に、横田は遺族感情を挙げ、被告が自ら罪を認めた経緯も説明したうえで、過去の類似事件を参考に自分の求刑意見を述べた。南部、川見は了承した。同月二十一日の論告求刑公判で、横田は無期懲役を求刑した。

検察官には強い独立性が認められている一方、検事総長を頂点とするピラミッド型組織の一員でもある。このため、事件の着手や起訴などの節目には必ず上司の決裁を受ける。重要事件では、上級庁の福岡高検に出向いて協議することもある。横田は「誤った判断をすることだってあり得る。法律家として先輩の意見を聞くのは大事なことだ」と受け止めている。

警察との連携

那覇地検は、検事正以下、検事、副検事ら検察官計十九人、検察事務官約百二十人の所帯だ。米軍基地があるだけに、米兵など軍関係者による事件も多い。外事係の横田は、米軍に関係する事件を主に担当するほか、殺人や詐欺などの事件も受け持つ。多い時には、一度に十人の容疑者を抱えたこともある。

横田は二〇〇五年六月一日、タクシー運転手から現金を奪った在韓米兵を強盗罪で起訴した。米兵は沖縄に立ち寄った際に犯行に及んだが、緊急逮捕された当初、否認した。犯人の外国人は事件直後、近くのバーで三百円のたばこを買い、間違って三千円支払おうとしていたことが警察の捜査でわかった。これを聞いた横田は、「円と（通貨価値がほぼ十分の一の韓国の）ウォンを混同している」と考えた。タクシーから指紋も検出され、米兵は間もなく犯行を認めたが、横田は「警察は容疑者を捕まえるのが主な役割。それから、どうやって有罪に持ち込むかを考えるのが検察の仕事だ」と言う。

海に囲まれる沖縄では、海上保安本部や税関などとの連携も欠かせない。

海保や税関とも協力

翌二日には、第十一管区海上保安本部から事件の相談が持ち込まれた。外国船籍の大型ボートが、保険に未加入の船舶の入港を禁じた法律に違反している可能性があるという。この法律は改正され、三月に施行されたばかりで、摘発例はない。横田はかたわらの六法全書をめくりながら、東京・霞が関の法務省刑事局に電話をかけ、条文の解釈を尋ねた。刑事局への問い合わせは、正式には書面を作成してファクスで送り、回答を待たなければならない。

ただ、「法務省に親しい先輩がいる場合は、電話で問い合わせを済ませることもある」と、横田は言う。結局、大型ボートが保険に加入していたことが判明し、事件にはならなかったが、法律の適用について日常的に相談を受けるのも、検察官の仕事だ。

三日午前中には、副検事の平克則《たいらかつのり》（五十歳）が担当する窃盗事件の論告求刑公判に、バックアップのために立ち会った。海上保安庁出身の平が副検事になったのは二〇〇四年四月。今回が初めての否認事件だった。

六月一日からの三日間で、横田は一人を起訴し、二件の公判に立ち会った。ほかに、スキューバダイビング中の死亡事故で書類送検されたインストラクター、詐欺容疑で告訴された元会社員、酒気帯び運転の容疑者ら計五人を調べ、事件相談も二件。その合間には、裁判員制度に向けた内部の会議で、米軍基地内で開かれた陪審制度の模擬裁判を視察した結果を報告した。

横田は、「決裁制度はあるが、事件では瞬時にさまざまな判断を迫られる。現場の裁量は大きく、責任も重い」と語る。

7　警察との二人三脚

本部係

　満開の桜に彩られた日比谷公園を見下ろす東京地検十一階の検事正室。刑事部検事だった山下純司《やましたじゅんじ》（四十九歳）は二〇〇四年四月一日午前十時過ぎ、「本部係」の辞令を受け取った。刑事部内でも本部係は、警視庁捜査一課が特捜本部を設置する重大事件を主に担当するポストだ。検事歴二十年の山下も、身が引き締まる思いだった。

　五階の自室に戻り、これから自分が担当する事件の記録を読もうとした瞬間、前任者から引き継いだ専用携帯電話が鳴った。「まさか……」。電話口の警視庁捜査一課管理官は「発生です」と告げた。辞令を受けてから、わずか十分しかたっていなかった。

　山下が検察事務官とともに、「東京都立辰巳《たつみ》の森《もり》緑道公園」（江東区）に駆けつけると、すでに警視庁の鑑識活動が始まっていた。遺体で発見された千葉県市原《いちはら》市の自営業男性（当時六十歳）の胸には、三か所の刺し傷があった。山下は捜査一課幹部の説明を受けながら、遺留品などを確認。その後、深川《ふかがわ》署での捜査会議に加わり、翌日は遺体の司法解剖にも立ち会った。

本部係には、こうした事件発生による緊急呼び出しが毎月のようにある。現場に急行するなどの初動は、警察官と通じる部分も多い。しかし、その目線は、犯人を突き止め、逮捕することが最重要課題の警察官とは微妙に異なっている。

公判も視野に

東京都大田区で二〇〇四年十二月、女性（当時五十七歳）が刺殺された事件で、山下は集められた証拠と連日にらみ合っていた。事件直後に知人の男が重要参考人として浮上し、現場付近での目撃証言なども得られていた。

「逮捕に踏み切ることは可能だろうか。もし、『現場には行ったが、殺していない』と否認されたら……」

山下は慎重な姿勢を崩さなかった。動機や二人の関係をもっと解明する必要があると感じ、二〇〇五年三月に男を指名手配するまで、警視庁の担当管理官らに何度も証拠の補強を求めた。

山下は本部係の一年間、「法律家として、事件と客観的に向き合うことが検事の役目」と自分に言い聞かせてきたという。

本部係を二年間務めた経験のある同地検次席検事の伊藤鉄男《いとうてつお》（五十七歳）は、「事件発生から起訴まで警察と密接に連携し、捜査を指揮する本部係の姿は今も昔も変わらない」と語ったうえで、公判前に被告や証人の主な調書を被告・弁護側に原則開示する新制度が同年十一月から始まることを踏まえ、「警察官がとった調書もさらに重要となる。公判での立証を見据えた協力がいっそう必要だ」と指摘した。「公判前整理手続き」と呼ばれる新制度は、予定通り十一月から始まり、これまで以上に連携が求められている。

お目付け役を果たせず

だが、そうしたチェック機能が、十分に働かないこともある。

二〇〇五年二月二十五日、宇都宮地検の検事だった森中尚志《もりなかなおゆき》（二十八歳）は緊張感をにじませ、大勢の傍聴人で埋まる宇都宮地裁の法廷に立った。「被告が強盗事件に関与していないことは明らかであるから、無罪の判決を求める」

森中が行ったのは、検察の敗北を意味する「**無罪論告**[*7]」だった。

暴行罪（罰金刑が確定）で起訴された男性（五十四歳）は、栃木県警の調べに対し、宇都宮市で起きた二件の強盗事件を〝自白〟し、再逮捕された。同地検は強盗罪でも起訴し、懲役七年を求刑したが、男性は二〇〇四年十二月の判決公判で、「強盗をやったと言っていたのは間違い」と供述を翻《ひるがえ》した。約一か月後には、逮捕監禁容疑などで逮捕された別の男（五十六歳）が、この二件の強盗事件を自白したことから、男性の誤認逮捕が発覚。二〇〇五年三月、宇都宮地裁の判決で強盗罪の無罪が確定した。

男性には知的障害があった。同地検の調査は、理解力や表現力が不十分で、迎合しやすい面があったと結論づけたが、担当の副検事は、この点に十分配慮せず、自白に頼って起訴してしまった。

同地検次席検事だった津熊寅雄は、「補充捜査を尽くしていれば、男性の供述に疑問を持つことは可能だった。警察捜査に対するチェックが機能しなかった」と非を認めた。

男性が犯人ではないと判明した時点で、起訴を取り消すこともできた。だが、同地検検事正の大野恒太郎は、法廷で無罪論告を行い、男性の名誉回復を図る道を選んだ。「誤りを犯した検察にとって、フェアであることが残された唯一の対応だった」と、大野は言う。

検事になって四年目の森中は、こう振り返る。

「自分にとっても、重い教訓の残る事件だった。検察官という職責の重さを改めて痛感させられた」

8　法の常識、世間とズレも

不起訴見直し

検察審査会＊8で受け取った議決書の「不起訴不当」の文字を目にした時、深田《ふかだ》宏治《こうじ》さん（五十一歳）は手が震えた。

二〇〇一年一月、事故は愛知県豊田《とよた》市で起こった。自転車に乗っていた宏治さんの長女、沙織《さおり》さん（当時二十二歳）が、自宅近くの国道の横断歩道で大型トラックにひかれて死亡した。トラックは車両に自転車を挟んだまま走り去った。だが、逮捕された運転手（五十五歳）は調べに対し、「ガシャガシャという音が聞こえたが、パンクか、ボルトが折れたと思った」と主張。名古屋地検岡崎《おかざき》支部は、ひき逃げ（道路交通法の救護義務違反）での起訴は見送り、業務上過失致死罪だけで起訴した。

「実態は逃げてるじゃないか」。宏治さんは、弁護士らの協力で裁判記録をもとに調査。一・六キロ走った地点で、運転手が自転車を巻き込んだことを認識した可能性が高いと確信、岡崎検察審査会に申し立てた。

同支部検事として再捜査した江藤靖典《えとうやすのり》（三十七歳）は、トラックを走らせて実況見分を行い、運転手からは「責任を軽くするため間違ったことを言った。自転車が挟まっているのを見て、人を巻き込む事故を起こしたのではないかと思った」との供述を引き出した。

禁錮一年二月の刑を終えていた運転手は二〇〇三年十二月、ひき逃げなどで略式起訴され、罰金十万円とされた。

江藤は「遺族にすれば事故も殺人も同じ。法律家である検察官は、証拠の細部にこだわり過ぎることがあるが、審査会の素朴な感覚にはそれを是正する機能がある」と、率直に審査会の意義を評価した。

国民の常識で是正

「不起訴不当」と「起訴相当」。二度の議決を経て、検察が不起訴処分を覆した異例のケースもある。

二〇〇二年十二月に静岡市で起きたひき逃げ死亡事件。トラック運転手（二十六歳）は、国道で転倒したオートバイのそばに倒れていた会社員望月誠人《もちづきまさと》さん（当時三十三歳）をひき、走り去った。静岡地検は、運転手をひき逃げでは起訴せず、業務上過失致死と事故を届け出なかった道交法違反の罪で起訴した。望月さんがほぼ即死状態だったことは一見して明らかで、運転手には、救護義務はなかったと結論づけた。一九六九年の最高裁決定は「被害者の死亡が明白でなければ加害者に救護義務がある」との判断を示したが、逆に地検は「死亡が明らかであれば救護義務はない」と解釈したのだ。

「被害者の状態がひどいほど、助けなくてもいいというのはおかしい」。声を上げた妻の瑞穂《みずほ》さん（四十歳）の申し立てを受け、静岡検察審査会は二〇〇三年四月、「不起訴不当」を議決。静岡地検が再び不起訴としたため、同年十月には「起訴相当」を議決し、地検に強く起訴を求めた。

「不起訴不当」の議決後、二度目の不起訴を決めた当時の同地検検事、保坂栄治《ほさかえいじ》（四十七歳）は、「『疑わしきは被告人の利益に』という原則を踏まえ、不起訴の維持が妥当と考えた」と振り返る一方、「常識や感情論と、法律の理屈でかみ合わない部分があるのはつらい」と打ち明けた。東京高検検事として不起訴の見直しにかかわった奥村丈二《おくむらじょうじ》（五十五歳）は、「遺族感情も含め、正しい結論は何か、新しい判例を作るぐらいの気持ちで捜査すべきだった」と語った。

同地検は、運転手の起訴事実にひき逃げも加え、静岡地裁は二〇〇四年十一月、懲役二年、執行猶予四年の判決を言い渡した（確定）。

重み増す審査会議決

ある審査会の元審査員は「検事は頭が固い。『自分が被害者だったら』と考えないのかと思ったことがある」と素直な感想を語った。不起訴見直しに賛成した経験もあり、「私たちでも良い仕事ができるんだという達成感があった」とも。

最高裁によると、不起訴不当、起訴相当の議決は、申立《もうしたて》件数の増加などに伴い、一九九五年の計五十九件に対して二〇〇五年は百四十七件と増えている。検察官は議決に縛られないが、二〇〇九年までに施行される改正検察審査会法では、起訴相当の議決が二度続けば起訴しなければならない。検察はここでも、新たな時代への対応を迫られている。

9　米国人の眼

丁寧さと更生を重視

日本の検察制度を分析し、二〇〇二年のアメリカ犯罪学会などの賞を受けた本がある。『アメリカ人のみた日本の検察制度』（邦題）。法社会学を専攻する著者のハワイ大学准教授デイビッド・ジョンソン（四十四歳）の考察には、三度目の来日となった一九九二年末からの一年二か月、神戸地検で検察官に密着し、その仕事ぶりをつぶさに観察した経験が生かされている。

ジョンソンの印象に残っているのは、マツタケ十一個を盗んだ森林法違反の男のケース。「つまらない事件だ」と思ったが、検事はどう処分すべきか悩んでいた。「侵入盗より軽いが、万引きよりは重い。起訴猶予にすれば、再犯に及ぶだろう」。罰金刑が妥当と考えたが、ではいくらぐらいが妥当か。マツタケの産地に近い別の地検に問い合わせたりして、ようやく類似の事件を見つけた。担当した検事にも話を聞き、出した結論は、罰金五万円を求める略式起訴だった。

もう一つは覚醒剤使用の事件。尿検査で覚醒剤の反応が出たにもかかわらず、男は容疑を否認した。同種の前科も二件あり、「自白がなくても、間違いなく有罪」とジョンソンは思った。だが、検事は取り調べを続けた。

検事は遠方から男の親族二人を呼び寄せ、罪を認めるよう説得させた。拘置期限を目前にして、男は自白した。ジョンソンは「自白が証拠としてはプラスにならなくても、自白を通じて更生させようとしている」と受け止めた。

日本の司法に興味を持ったきっかけは、横浜市内で日本語を学んでいた来日二度目の一九八八年、「代用監獄（留置場）は冤罪の温床」と訴えるチラシを見て、弁護士に話を聞きにいったことだった。当時は日本の経済的成功が注目され、米国の研究者には日本の刑事司法も「人道的」という評価があった。どちらが真の姿か。疑問が芽生えた。

自白強要の恐れも

ジョンソンは、日本の検察の長所を「丁寧さ」にみる。米国では地検のトップが選挙で選ばれ、個々の検察官の独立性も高い。日本ではマツタケ泥棒のような比較的軽微な事件でも、公平さが損なわれないよう検討を重ねる。ジョンソンは「米国では同じ地検でも検察官によって処罰が異なったりする。日本の方が上司の決裁などを通じて公平が保たれている」と評価する。

覚醒剤の事件で、証拠は十分あるのに取り調べを続け、自白させた点にも日本の検察の特徴は表れている。

ジョンソンが一九九四〜九五年に日本の検察官二百三十五人を対象に行った調査（複数回答）では、仕事の目標に「犯罪者を反省させること」「犯罪者の更生及び社会復帰」を選んだ人が、それぞれ九二・七％、九一・五％に及んだ。ところが米国・シアトルでの同種調査では、わずかに八・八％と二八・一％だった。

「『反省？　演技だろう？　反省なんかするわけないじゃないか』というのが米国の検察官の一般的な反応だ」と、ジョンソンは話す。

反面、ジョンソンは自白強要の恐れも指摘する。米国では取り調べに弁護士の立ち会いが認められているが、認められない日本では「捜査官と容疑者の力関係には落差がある」からだ。

検事と拘置所を訪れたとき、取調室から大声が響いていた。検事は「自白を取ろうとしているんだ」と説明した。別の覚醒剤事件で、検事が調書をとり直すたびに複数の容疑者の供述の矛盾がなくなっていくのを見た。ジョンソンは「長時間の取り調べでは、捜査官に都合の良い調書が作られる危険がある」と感じたという。

精密司法

丁寧な捜査と慎重な処分、詳細な事実認定のための立証や審理は、「精密司法」[*9]とも呼ばれる。では、この特徴を日本の法律家はどう見ているか。

東京高検から東京大学法科大学院教授に出向している古江《ふるえ》頼隆《よりたか》（五十四歳）は、「刑事裁判は国民に自由の剝奪《はくだつ》という不利益を負わせる。精密に捜査し、証拠が十分あるものに限って起訴するのは当然だ」と話す。

一方、日本弁護士連合会刑事法制委員会委員長の神洋明《じんひろあき》（五十六歳）は、「日本の検察官は確実に有罪にするため調書を完璧《かんぺき》に作る。検察の立証を崩すのは大変難しい」と語る。二〇〇〇〜〇四年の一審の有罪率は九九・九％。「調書の中には厳しい調べで検察官の言いなりにとられたものもある」と感じている。

ただ、今後、裁判員制度が導入されれば、精密司法が変わる可能性はある。裁判員は、専門的な訓練を受けてきた職業裁判官とは異なる仕方で、事実を認定するからだ。

ジョンソンは、一九九九年以降も度々来日し、犯罪者の矯正問題などの研究を続けている。裁判員制度には、「米国でも陪審の判断は不安定とされる。始まらないとわからない」と慎重な見方を示しつつ、今後の検察には、「捜査の透明性を高めると同時に、犯罪者の更生という理想、公平さを重視する姿勢は持ち続けてほしい」と注文をつけた。

＊1　裁判員
刑事裁判の一審に参加し、被告の有罪・無罪と、有罪の場合の量刑を職業裁判官と一緒に決

める。原則として、二十歳以上の有権者の中から、くじで六人が選ばれ、裁判官三人と審理する。二〇〇九年に始まる裁判員制度は、殺人や強盗致死傷など重大事件が対象で、年間約三千件が該当する見込み。

＊2　審理期間
最高裁によると、二〇〇五年に一審判決が出た殺人、傷害致死など裁判員制度の対象となる事件で、被告が罪を認めた場合は判決までの公判が平均四回、六・三か月、否認の場合は同九・四回、十三・一か月かかった。間接的な証拠しかなく、被告が全面否認した和歌山・毒物カレー事件は九十五回で約四十三か月、仙台・筋弛緩《しかん》剤事件は百五十六回で約三十二か月と長期化した。

＊3　証拠調べ
検察官が冒頭陳述でこれから証明しようとする事実を明らかにした後、裁判官が採用した証拠について、検察官が内容を説明し、立証活動を行う。供述調書などの書面なら要旨か全文を朗読し、写真や凶器などは裁判官や被告に見せる。説明が終わると、証人尋問や被告人質問に移る。

＊4　心証
さまざまな証拠をもとに事実を認定する際、心の中で得られる確信。裁判での事実認定は、

裁判官の経験に基づく自由な判断で行われ（自由心証主義）、裁判員法も「証拠の証明力は、それぞれの裁判官及び裁判員の自由な判断にゆだねる」としている。被告を有罪にするためには、「合理的な疑いを超える高度の心証」が必要となる。

＊5　司法修習

司法試験合格後、裁判官や検察官、弁護士になるため、最高裁の司法研修所で受ける研修。一九九九年春以降、それまでの二年間から一年半になった。判決や起訴状の作成などを学んだ後、各地の裁判所、検察庁、弁護士事務所に分かれ、実務の教育を受ける。修習の最後に行われる試験に合格すると、検察官などになる法曹資格を得られる。

＊6　独任官庁

個々の検察官が、事件の容疑者を起訴するかしないかを決める権限を持つことから、こう呼ばれる。政府や国会から独立して権限を行使することが保障されている一方、検察庁法では上司の命令に従う義務も定められている。「検察官同一体の原則」と言い、検察官個人が行き過ぎた事件処理をしないよう一定の歯止めとなっている。

＊7　無罪論告

論告は刑事裁判で証拠調べが終了した後、検察官が求刑に先立ち、裁判で立証してきた犯罪事実などを示すものだが、被告が無罪だと判明した場合、無罪判決を求める。過去には松山地検が二〇〇〇年、窃盗罪などで起訴した男性について行ったが、きわめて異例。判決確定後に起訴の誤りが発覚した場合、検察側が再審請求することもある。

＊8　検察審査会

有権者から無作為に選ばれた審査員十一人で構成され、任期は半年間。「不起訴相当」「不起訴不当」は過半数、「起訴相当」は八人以上の賛成で議決できる。最高裁によると、不起訴不当と起訴相当の議決を受け、検察庁が再捜査して起訴した割合は、二〇〜三〇％台で推移。

＊9　精密司法

日本では、捜査機関が綿密な捜査で証拠を固め、有罪の確信を得たものだけ起訴する。公判でも供述調書などの証拠書類を多用し、判決で詳細に事実を認定する。有罪率が高くなる反面、捜査段階での取り調べが長くなることや、捜査段階の調書を重視して法廷での審理が形骸化する「調書裁判」になりやすいとの批判もある。

第三章　特捜の光と影

独自捜査で政財官界の不正に切り込む「検察の顔」が特別捜査部だ。東京、大阪、名古屋の三地検に置かれている。中でもこの二十年に十八人の国会議員経験者を摘発してきた東京地検特捜部は、検察官なら一度はあこがれる職場だ。しかし、華やかな実績の裏には、課題もある。

1　最大派閥の重圧

法廷での再会

東京地裁最大の一〇四号法廷で二〇〇五年十月二十四日、自民党旧橋本《はしもと》派を支えた元重鎮二人が久しぶりに顔を合わせた。

日本歯科医師会（日歯《にっし》）側から同派への一億円ヤミ献金事件で**政治資金規正法**[*1]違反（不記載）の罪に問われた元官房長官の村岡兼造《むらおかかねぞう》（七十四歳）と、弁護側証人として出廷した元同党幹事長の野中広務《のなかひろむ》（八十歳）。被告の村岡が、野中に直接問いかけた。

「検事は、（会長代理の）私が派閥の業務を執行していただろうと、しつこく言っていたが、会長不在の時に、私が一つでも決めたことがあったですか」

「格別覚えておりません」

野中は小声でそう答えるだけだった。

調べ室の攻防

二〇〇四年八月二十九日、東京・小菅《こすげ》の東京拘置所。東京地検特捜部副部長の八木宏幸《やぎひろあき》（四十九歳）が、政治資金規正法違反の容疑で逮捕した旧橋本派事務局長の滝川俊行《たきがわとしゆき》（五十六歳、有罪確定）と向き合っていた。

滝川は学生時代から元首相・小《お》渕《ぶち》恵三《けいぞう》に仕え、小渕の死後も同派政治団体「平成研究会」の会計責任者を務めてきた。三十年以上に及ぶ滝川の秘書人生を記した資料に目をやりながら、八木は語りかけた。「あなたは秘書の代表選手だ。政治の世界で事件が起きるたびに、『秘書が、秘書が』と言われて犠牲になるが、自分の後輩のためにも、そんなことを繰り返していいんですか」。この言葉に動かされた滝川は翌日以降、口を開いた。「実は一億円の不記載は、私の一存でやったことではありませんでした」

急旋回

特捜部は二〇〇四年二月、日歯の捜索など強制捜査に乗り出す時点で、すでに旧橋本派への一億円ヤミ献金の存在を把握していた。ただ、自民党最大派閥が舞台だけに、「難しい処理になる」と直感した検察幹部は少なくなかった。「『一億円』を摘発すれば、日歯側からのほかのヤミ献金にも次々に告発が出て、収拾がつかなくなる」という消極的な声もあった。だが、「一億円」はその中でも突出しており、看過できない額だった。事件として立件する方針を固めた特捜部は、検事三十人余りのうち、過去に秘書の調べにあたるなど政界事件の捜査経験が豊富な八木を、滝川の取り調べに投入した。

一億円の処理を村岡と野中の二人に相談したこと、不記載を決定した二〇〇二年三月の派閥幹部会には、二人のほか、参院議員の青木幹雄《あおきみきお》（七十一歳）や上杉光弘《うえすぎみつひろ》（六十三歳）が出席していたこと――。滝川の供述は詳細だった。

捜査は政治家の立件に向けて急旋回した。対象となる候補は、村岡、野中、青木、上杉の四人。二〇〇一年七月に一億円の小切手を受領した同派会長の元首相・橋本竜太郎《りゆうたろう》（六十八歳）は、不記載を決めたとされる二〇〇二年三月は入院して、派閥の運営から離れていた。四人の中で、村岡と野中は滝川から同時に報告を受けるなど、証拠上、関与の度合いにほとんど差はなかった。東京地検→東京高検→最高検と、報告が上がっては再検討という作業が繰り返された。

明暗分けた二人の元重鎮

「起訴する事件はだいたい終わった」。二〇〇四年九月十八日、滝川を政治資金規正法違反の罪で起訴した際の会見で、東京地検次席検事の笠間治雄《かさまはるお》（五十七歳）が報道陣をそう煙《けむ》に巻いていたころ、検察は政治家起訴に向けた検討の最終段階を迎えていた。

ポイントは、ともに同派幹部で官房長官経験者でもある村岡と野中の処分に差をつけるかどうかに絞られていた。

当初は「村岡と野中の二人を起訴」という意見もあったが、これには異論が出た。

「(日歯側からの)一億円はあくまで派閥への献金。政治家個人に見返りを要求したものではなく、派閥幹部が私腹を肥やしたわけでもない」「贈収賄ならともかく、献金を記載しなかっただけという形式犯だ。事件のスケールを考えれば、官房長官経験者を二人も起訴するような事案ではない」

複数の検察幹部が、政治家が個人的に利得を手にしていないことなど、過去の規正法違反事件に比べて悪質性が低い点を指摘した。結論は「起訴する政治家は、派閥で一番責任のあった者一人」になった。

村岡は事件当時、橋本に次ぐナンバー2の会長代理、野中は同派の事務全般を取り仕切る事務総長。どちらがより派閥トップに近い立場にいたかが、明暗を分けた。特捜部は九月二十六日、村岡を在宅起訴、野中を起訴猶予とした。「意外に思った」。そんな感想が、一線の検事からも漏れる結末だった。

金丸事件の教訓

「村岡起訴」からさかのぼること約十二年。一九九二年九月二十八日早朝、東京・霞が関の検察合同庁舎入り口の庁名板に、ペンキ入りのジュース瓶が投げつけられ、「検察庁」の金文字がペンキにまみれた。

特捜部は同日、元東京佐川急便社長から年間限度額百五十万円を超える五億円の献金を受領した元自民党副総裁の金丸信《かねまるしん》を、事情聴取もせずに政治資金規正法違反の罪で略式起訴したが、ペンキ事件は、この決着に対する世論の怒りを象徴する出来事だった。同法は当時、「ザル法」と言われ、金丸の問われた量的制限違反の罰則は二十万円以下の罰金しかなかった。検察からすれば、法律上やむを得ない面もある処理だったが、国民からは「権力者を特別扱いした」と受け止められたのだ。

「国民との感覚のズレを痛感した。国民の批判を謙虚に受け止めるきっかけになった」。当時、法務省人事課長だった検事総長の松尾邦弘《まつおくにひろ》は振り返る。

規正法は武器か

政治資金規正法はその後、改正を重ねて、罰則が引き上げられたほか、同一の者から五万円超の寄付を受ければ収支報告書への記載を義務づけるなど、透明性が重視されるようになった。従来、贈収賄罪による摘発を「捜査の王道」としてきた特捜部も、同法を活用する姿勢を見せ始めている。

二〇〇二年に摘発した衆院議員・鈴木宗男《すずきむねお》（五十七歳）をめぐる一連の事件では、まず同法違反容疑で鈴木の自宅や議員会館事務所を捜索した。二〇〇三年三月には同法違反だけで衆院議員・坂井隆憲《さかいたかのり》（五十七歳）の逮捕許諾請求に踏み切った。特に、坂井のヤミ献金は、職務権限はないものの、関係機関に対する口利きの謝礼で、賄賂《わいろ》に近い性質の金だった。

「金丸五億円事件は、当時の法制もあって、調べを尽くしていないとの不信感を国民に生じさせた。日歯一億円事件では、政治家から事情聴取を行うなど、調べることはすべて調べたうえで出した結論だった」。東京高検検事長の但木《ただき》敬一《けいいち》（六十二歳）はそう語ったうえで、「特定の政治家が利得を得た事案ではないのに、会計責任者にとどまらず、政治家まで起訴したことは、政治資金の透明性を今まで以上に重視していく転換点になるのではないか」と、日歯事件を総括する。

しかし、東京地裁は二〇〇六年三月三十日、村岡に無罪を言い渡した。滝川の供述の信用性を真っ向から否定し、「二〇〇二年三月の派閥幹部会で不記載を決めた」とする特捜部の描いた構図を、「虚構であるということに帰着する可能性も否定できない」と指摘するなど、検察にとって完敗と言える内容だった。判決を伝え聞いた滝川は、「裁判所が決めること。私は知っていることをそのまま話しただけだ」と知人に話したという。

控訴審で、無罪判決を覆すことができるかどうか。それは、検察の政界捜査の行く末にも影響を与えることになるだろう。

2 迂回献金の壁

五千万円の行方

飲食店が軒を連ね、サラリーマンやOLが行き交う東京・赤坂《あかさか》のみすじ通り。通りに面した料亭「金龍《きんりゅう》」で、二〇〇一年十一月三十日夜、ある宴席が開かれた。

顔ぶれは、日本歯科医師会会長の臼田《うすだ》貞夫《さだお》（七十四歳）、副会長の岡邦泰《おかくにやす》（六十六歳）、そして、自民党幹事長の山崎拓《やまさきたく》（六十八歳）。山崎派の衆院議員、自見庄三郎《じみしょうざぶろう》（五十九歳）、木《き》村義雄《むらよしお》（五十七歳）の姿もあった。

当時、サラリーマンの医療費自己負担を二割から三割に引き上げる医療制度改革の議論がヤマ場にさしかかり、日歯はこれに激しく反対していた。臼田と岡はこの日午後三時、自民党本部の幹事長室を訪問。山崎に改革阻止を訴える要望書と四百万人余りの署名を手渡した後、宴席に臨んだ。

「金龍で現金が入っていると思われる紙袋が三つあるのを見た」。臼田は東京地検特捜部にそう供述している。日歯の政治団体「日本歯科医師連盟」（日歯連）の会計責任者・内田《うちだ》裕《ひろ》丈《たけ》（六十五歳）は「十一月三十日に、山崎氏に三千万円、自見氏に一千万円、木村氏に一千万円を支出した」と供述した。日歯連の現金出納簿にも、同じ趣旨の記載が残っていた。

内田はまた、こう供述している。「三人の資金管理団体から領収書は送られてこなかった」「自民党には献金していないのに、後で、（自民党の政治資金団体の）**国民政治協会**[*2]（国政協）から合計額と同額（五千万円）の領収書が送られてきた」

山崎ら三人の資金管理団体の政治資金収支報告書には献金を受けた記載はない。一方、日歯連と国政協の収支報告書には、同年十二月二十五日付で五千万円の献金が記載されていた。料亭で三人に金が渡されたのであれば、政治家へのヤミ献金が国政協への献金と偽装された疑いがあった。

しかし、山崎は特捜部の事情聴取に、「（料亭ではなく）幹事長室で、自民党への献金として五千万円を受け取った」と説明した。現金を幹事長室のロッカーに一か月近くも放置した後、国政協に入金した、とも述べた。自見と木村は金銭授受を否定した。臼田は「幹事長室で現金は渡さなかった」と主張したが、岡は山崎の説明に沿う供述をした。

「関係者の供述が食い違い、事実関係を特定できなかった」と、ある検察幹部は振り返る。

特捜部は政治資金規正法違反容疑で告発された山崎らを二〇〇五年一月、嫌疑不十分で不起訴処分とし、七月に山崎を「起訴相当」などと議決した検察審査会から「捜査が不十分」と批判されたが、再捜査の結果、十二月に改めて不起訴にした。検察審査会も翌年七月、「不起訴処分に心から納得したわけではない」としつつ、今度は不起訴を「相当」としたが、「政治資金規正法には限界があり、迂回《うかい》献金を助長するシステムとなっている」とも指摘した。

浄化装置

支持団体が自民党の政治家に献金する際、国政協を経由して金の流れを見えにくくする「迂回献金」。「特捜部にとって、大きな課題の一つだった」と、ある特捜部長経験者は明かす。

過去には、ゼネコン汚職事件（一九九三〜九四年）やKSD事件（二〇〇〇〜〇一年）で立件を検討したが、国政協→自民党→議員と渡る過程で他の献金と混じるなどの理由から、摘発に至らなかった。「金に色が付いていない」ということだった。

日歯事件の捜査では資金が実際に国政協を迂回したケースとは別に、政治家に直接金を渡しているのに国政協への献金と偽装したケースも見つかった。「実際に国政協を通していないのであれば、賄賂と認定できるものがあるはず」。検察上層部は徹底捜査を指示したが、政治家側による便宜供与がはっきりしないなどの問題点が出て、「偽装献金」の解明も不発に終わった。

結局、特捜部は今回も、献金の〝洗浄装置〟としての作用も疑われる国政協の壁を打ち破れなかった。迂回献金の禁止規定を盛り込んだ、民主党提出の政治資金規正法改正案も二〇〇五年十月十八日、衆院本会議で否決され、迂回献金へのアプローチはますます難しくなったようにも見える。

だが、複数の検察幹部は、「贈収賄の実態があれば、迂回献金を賄賂提供の仮装行為と見なすことはできる」と語る。実際、特捜部は一時、厚生労働政務官として職務権限があり、国政協を通じて日歯連から五百万円の献金を受けた衆院議員の佐藤勉《さとうつとむ》（五十三歳）に対し、贈収賄罪の適用を視野に捜査を進めた。ただ、五百万円は、同時期に職務権限のない政治家たちに渡っていた金額よりもはるかに少なく、賄賂と断定できなかった。

検察幹部の一人は言う。「迂回献金にメスを入れる時は失敗は許されない。今回は勝負をかけるには、額が少なすぎた」

「許諾はどうだろう。在宅でやれないか（早くも本省の牽制《けんせい》が始まった）」

3　議員逮捕

二十七年ぶりの許諾請求

東京地検特捜部長だった宗像紀夫《むなかたのりお》（六十三歳）が大学ノートにつけていた日誌の一九九四年二月十七日の欄には、こう記されている。「本省」というのは、法務省のことだ。

前年六月末から続けてきたゼネコン汚職事件の捜査は、元建設相の衆院議員・中村喜四郎《なかむらきしろう》（五十六歳）の刑事責任追及に向け、ヤマ場にさしかかっていた。だが、国会議員には国会会期中の不逮捕特権[*3]があり、逮捕するには議員が所属する院の許可を求める特別の手続きがいる。逮捕許諾請求だ。東京・霞が関の検察合同庁舎十階にある特捜部長室で、許諾請求をしても中村を立件したいとの意向を示す宗像に対し、法務省側の反応は消極的だった。

許諾請求は、大阪地検特捜部が一九六七年に手掛けたタクシー汚職事件を最後に、二十七年間途絶えていた。この時、国会で関係者の供述調書の提出を求められるなど強い反発に遭い、法務・検察内部ではこれ以降、「調書を出して手の内をさらせば、口裏を合わされて捜査に支障をきたす」などと、許諾請求には慎重な空気が支配的だった。また、立件を目指して捜査を進める検察庁と、法律の解釈や国会への説明などを受け持ち、捜査を後ろで支える法務省では、方針をめぐって微妙な〝温度差〟が出ることもある。特捜部の意向に対し、法務省は慎重な構えの一方、ひそかに許諾請求の準備を進めた。

タクシー汚職の時、同省刑事課長だった石原一彦《いしはらかずひこ》（七十九歳）はある日、後輩の訪問を受けた。二十七年前の自分と同じ立場にいた大泉隆史《おおいずみたかし》（五十九歳）だった。

「タクシー汚職の後は、許諾請求はよっぽどのことでなければやれない、できれば避けようという気持ち、空気があった。いつかは来ると思っていたものが、ようやく来た。失敗しないようできる限りのことを話そうと思った」。退官して中央更生保護審査会の委員長になっていた石原は、法務省内にある委員長の個室で、ひもでとじた資料を手渡した。許諾請求の手続きの流れ、秘密会となる議院運営委員会での説明の仕方など注意点を書き留めたメモが綴《つづ》られていた。

解けた呪縛

特捜部は在宅捜査の選択肢も持ちつつ、中村に出頭を求めたが、拒否された。

一九九四年三月七日午前十一時から検察合同庁舎内で開かれた検察首脳会議で

は、中村が出頭を拒んでいること、今後も出頭を拒否しつづければ許諾請求することなど捜査方針を報告、最高検などの了承を得て、翌八日、逮捕状を請求した。

中村の事件は、二十六年ぶりに国会議員にあっせん収賄罪を適用するという点でも異例だった。容疑は、ゼネコン大手「鹿島《かじま》」副社長から請託を受けた中村が、公正取引委員会の委員長に対し、告発すべき場合でも告発を見送ってほしいと働きかけ、一千万円の賄賂を受け取ったとの内容だった。法務省は、許諾の可否を決める衆院議運委での審査に備え、この口利き行為がなぜ犯罪となるのかなど法律上の説明や、タクシー汚職の時のように調書の提出を求められた場合などに備え、膨大な想定問答の準備を進めた。

議運委の理事会では、「口利きがなぜ罪になるのか」など法律の解釈をめぐる質問が集中。予想通り、「調書を出してほしい」との要求もあった。

「調書は出せない」とする法務省側との調整は難航したが、最終的に同省刑事局長の則定衛《のりさだまもる》(六十七歳)が、調書の骨子を口頭で説明しただけで切り抜けた。請求から三日後、衆院本会議で許諾が議決され、中村は逮捕された。

則定は「法律論で納得してもらうのが大変だった」と振り返り、「この事件後、許諾請求が特別な手続きという感覚は薄れたのではないか」と語った。

中村の事件後、特捜部は呪縛が解けたように、次々に許諾請求に踏み切る。一九九五年の山口敏夫《やまぐちとしお》、九八年の新井将敬《あらいしょうけい》（自殺により取り下げ）、二〇〇二年の鈴木宗男、〇三年の坂井隆憲（いずれも衆院議員）。許諾までの日数も、「二日後」「翌日」と短くなった。

政界と検察との関係は、変わってきたのだろうか。

変わる政界との関係

中村が逮捕される約一年半前の一九九二年八月。最高検幹部に一本の電話が入った。戦後最大級の疑獄事件と騒がれ、特捜部が解明を進めていた東京佐川急便事件で、元同社社長が政治家十数人に総額二十億円余りを提供したと供述した――と報道された直後だった。

「こんなことが漏れるのは、どういうことだ」。実名を挙げられた自民党の大物議員の一人が、特捜部による情報リークを疑って抗議してきた。法務省を通さず、検察幹部に直接連絡してくるのはきわめて異例だったが、幹部は「うちが漏らすことは絶対にない」とかわしたという。

ある自民党の衆院議員秘書は、「今、そんなことをしたら国民から批判され、大問題になる」と話し、「年中行事みたいに議員が逮捕されるのを見ていると、『聖域』はなくなったと感じる。いろいろと勘ぐられるから、もう献金は受けず、パーティー券を買ってもらうようにした」と明かした。

特捜部長として許諾請求した宗像は、副部長時代に主任検事として捜査を指揮したリクルート事件（一九八八〜八九年）の際、政界側から盛んに「検察リーク」と牽制され、自民党参院議員会長を務めた村上正邦《むらかみまさくに》らを逮捕・起訴したKSD事件（二〇〇〇〜〇一年）の捜査にも最高検刑事部長としてかかわった経験を持つ。「国会議員逮捕のハードルが低くなったという感じは、すごく強い。言い換えれば、世論の見方が厳しくなったということだと思う」と語った。

4　供述調書の作成

原則の徹底

「面前口授《くじゅ》」という言葉がある。検察官が容疑者や参考人から聞き出した供述内容を、目の前で口述し、取り調べに立ち会う検察事務官がその場でまとめる調書作成の原則だ。

最高検が二〇〇五年六月、各高検を通じて全国の地検に配布した極秘文書は、調書の作成方法をめぐる新指針案だった。Ａ４判数枚にわたる文書のタイトルは「検察官調書の改善に関する方策」。裁判員制度の導入を前に、調書の作成過程をより透明化する目的で、拘置中の容疑者には例外なく面前口授することを求めていた。

なぜ、改めて原則の徹底を求めるのか。東京地検特捜部に在籍経験のある複数の検事は、「新指針案は間違いなく特捜部の捜査を念頭に置いている」と言う。背景にあるのは、「調書決裁」や「原稿決裁」と呼ばれる手法に対する危機感だというのだ。

調書決裁は、捜査を統括する主任検事の下、複数の検事が取り調べに当たる特捜部で主に行われる。主任検事は数少ない物証や、最初に全容を語った共犯者の供述などをもとに事件を組み立て、その構図に沿った内容の供述を関係者から引き出し、逮捕、起訴に持ち込む。取り調べ担当の検事は作成した調書をまず主任検事に見せ、了承を得たうえで、容疑者や参考人に署名・押印を求める。主任検事が調書に手を入れ、取り調べ検事が容疑者らに同意を得ることもある。捜査側から見れば、関係者が多い事件で、供述内容の矛盾を避けられる利点があるが、調べられる側からすれば、自分の供述が特捜部の描く構図に沿うよう変えられてしまう恐れもある。

一九九八年十二月、元防衛政務次官への贈賄容疑で特捜部に逮捕された機械メーカー会長（八十三歳）は拘置中、取り調べの様子や自分の心情をノートに綴っていた。

「元専務はとっくに認めている」「反省しない人は徹底的に追及し、捜査範囲を拡大し期間も延ばす」と記された検事の言葉。自白に転じた拘置十八日目には、「（調書に）『自分の意で（供述した）』と書いてあることに大変抵抗を感じた」と書き、二日後には「（調書の内容を）うなだれて聞く。『信頼しろ』の一方的押しつけに終わる」と綴った。

任意性

裁判では、調書の任意性などを争ったが、一審は「供述は切実な心境を表し迫真性に富む」として有罪となり、二審、最高裁でも有罪が維持された。

〝密室〟での取り調べは、争いになることも多い。検事調書の任意性や信用性が覆ることはまれだが、裁判長期化の原因になっていることは間違いない。実際、特捜部が手掛けた事件の公判では過去、「調書に書かれた内容は検事から押しつけられたもの」などと被告側が主張し、長期化した例がある。リクルート事件の同社元会長・江副浩正《えぞえひろまさ》（六十九歳）の場合は、一審判決まで十三年、公判回数は三百二十二回に及んだ。ゼネコン汚職の元茨城県知事・竹内藤男《たけうちふじお》は、約十年、同百七十八回かかったが、一審中に死亡し、公訴棄却となった。いずれも、供述調書の任意性・信用性が争点となった。

また、検事がパソコンなどで作成する調書も、問題点が指摘されたことがある。

「調書は本来取り調べの都度作成すべきだ」。元大阪高検検事長の増井《ますい》清彦《きよひこ》（七十二歳）は一九九九年七月、検事総長の北島敬介《きたじまけいすけ》に手紙を送った。水戸地検が摘発した脱税事件で、被告ら四人の調書の言い回しの多くが一致しており、取り調べ検事が一人の調書をワープロで別の調書作成に引用した疑いを持ったからだった。増井は弁護人と知り合いで、相談を受けたという。

増井は「現職幹部に聞いたところ、『そんなこともあるでしょうね』との返事に再び驚いた」と、手紙にしたためた。

調書作成は相手の面前で

最高検は、ゼネコン汚職や別の事件の捜査で取り調べ検事の暴行が相次いで明るみに出た後の一九九四年六月と、〝ワープロ調書〟が発覚した後の二〇〇〇年九月、「取り調べは面前口授方式で行うこと」とする指針を打ち出した。

「原稿決裁の範囲を広げると、非面前（での調書作成）の許容範囲を逸脱しかねない」。二度目の指針を出す前の同年五月末、最高検検事らが集まった会議での発言は、捜査現場での調書決裁が珍しくなかったことを物語る。「特捜の仕事を考えると、（面前口授の徹底は）難しい」。出席者には特捜幹部経験者も多く、議論の末、指針は面前口授の徹底を強調する方向でまとまったが、調書決裁には触れなかった。今回の新指針案は初めて「調書決裁」のあり方にまで踏み込んだものと受け止められた。

「迫真性のある調書は相手の前でしかとれないのに、調書のすり合わせをしたがる検事もいる」と、ある検察幹部は嘆く。一方で、捜査現場の中堅、若手検事の間には「調書決裁は必要」という声もある。「調べのポイントがわかっていない検事には、細かい指示が必要だ」「政界汚職などでは、主任検事が弁護人の立場で調書を読み、争いの余地がないものに仕上げないと立件は難しい」――。特捜部内をはじめ、捜査の現場からは異論が噴出した。

新指針案はまた、調書の作成方法だけではなく、調書が証拠全体に占める比重や被告・弁護側への開示の仕方の見直しなどにも及んでいる。取り調べの基本を徹底しながら、どう真相の解明を進めるか。裁判の迅速化をどう図っていくか。検察は今、難題に取り組んでいる。

5　捜査を支える黒子

金脈の発掘

「どこかおかしい」。ある銀行の倉庫で大量の伝票をめくっていた東京地検特捜部の資料課員の手が止まった。一九八八年から八九年にかけて行われたリクルート事件の捜査。課員は、同社会長だった江副浩正から出た不透明な資金の流れを追っていた。奇異に感じたのは、伝票上、銀行の小さな支店から現金で出金された形になっていた五千万円。支店が常時、これだけの現金を手元に置いているわけはない。かと言って、前もって支店に外部から資金を用意するよう依頼があった痕跡《こんせき》もない。

「金は現金で出たわけではなく、誰かの口座に振り込まれたのではないか」。その直感が当たり、別の伝票から同額が入金されていた口座を発見した。それは自民党のある大物国会議員の口座だった。資金は江副からの政治献金と判明。議員の元秘書が、政治資金規正法違反の罪で略式起訴された。

気の遠くなる作業

資料課は一九六二年一月、特捜部が捜査する事件の資料の収集や分析を行うため、それまでの資料室を拡充する形で新設された。メンバーは全員が検察事務官。二〇〇一年四月、特捜部の組織改編で名称は「機動捜査担当」に変わった。一九七六年のロッキード事件当時の七人から、約三十人に増加したが、捜索、証拠の押収と整理、聞き込みや張り込みなどの捜査という仕事の内容に変わりはない。

検察の内部資料によると、仕事の内訳は「六〇%が銀行捜査、三〇%が裏付け捜査、一〇%が逮捕や捜索」とされる。銀行捜査では、容疑者や関係者の口座を金融機関に照会し、金の出入りを調べる。贈収賄や脱税など、特捜部が手掛ける事件には欠かせない。資料課員は、金融機関のマイクロフィルムなどから狙いの口座記録を探し出し、時には倉庫に山積みにされた段ボール箱の中から取引に使われた伝票を見つける。倉庫は首都圏の外れにあることも多い。

資料課長を務めた広島地検事務局次長の鈴木《すずき》利幸《としゆき》（五十四歳）は、「雑然と積まれた段ボール箱から見当を付けて伝票類を探し出す。倉庫にエアコンはなく、夏はぐっしょり汗をかき、冬は寒さに震えながら伝票をめくった。気の遠くなる作業だった」と話す。

受け継がれる手法と気概

資料課員には、簿記や会計、税法の知識の取得はもちろん、金融機関のコンピューターシステムを把握することも求められる。このため、仕事のかたわら簿記学校に通ったり、東京国税局査察部に出向したりして腕を磨く。そして、培った捜査のノウハウは、先輩から後輩に伝えられる。

だが、「ミスター資料課」の異名を取った特捜在籍十九年の水野光昭《みずのみつあき》（六十二歳）は、「最も大切なのは、何かを探し出そうとする意欲と粘りだ」と語る。

水野が資料課長だった一九八六年、特捜部は神奈川県警の警察官による共産党幹部宅盗聴事件の捜査に着手した。事件を重視した当時の検事総長、伊藤栄樹《いとうしげき》の指示だった。資料課には、盗聴実行犯の特定という難問が課せられたが、盗聴の拠点となったアパートは警察がすでに捜索しており、犯人に直結する証拠はなかった。それでも、部屋の冷蔵庫に残された水菓子に、課員はピンと来た。製造は中国地方の会社で、地元でしか売られていない。「必ずこの地域出身の警察官がいる」。捜査は大きく進展し、読み通り容疑者の警察官を特定できた。

黒子に徹する職人

地道な努力が認められ、資料課は一九九九年十二月、ひたむきに仕事に励んだ国家公務員やその職場に贈られる「人事院総裁賞」に輝いた。受賞後、皇居で天皇、皇后両陛下と懇談した当時の課長、川澄克美《かわすみかつみ》（五十三歳）は、両陛下から「どういうお仕事をされていますか」と声をかけられて緊張した。検察官を支えて捜査に当たっていることを説明すると、「大変ご苦労さまです」とのお言葉をかけられた。黒子に徹する資料課が、表舞台に立った一日だった。

特捜部長などを務めた元名古屋高検検事長の石川達紘《いしかわたつひろ》（六十六歳）は、「資料課は常に依頼した以上の成果を返してくれた。彼らがいなければ、特捜部は成り立たない」と賛辞を惜しまない。

時は移り、資料課ＯＢの中には、昔ながらの〝職人気質《かたぎ》〟が年々薄れつつあると感じる人もいる。先輩と後輩が、あるいは検事と一緒に、仕事後に一杯飲むことも減ったという。一方で、有名大学の法学部出身者が事務官になるケースも増え、パソコン操作に習熟した者も多い。資料課係長の経験がある最高検総務課長補佐の永井栄次《ながいえいじ》（五十二歳）は、「個々の能力は昔より今の方が高い」と話す。それでも事件となれば、家に帰れないほど忙しいのは今も同じだ。「結果が出れば、疲れも吹き飛ぶ。『信頼してくれる検事の期待には応えてやろう』という気概を持ち続けてほしい」。水野から後輩への励ましの言葉だ。

6　不正を暴くパートナー

マルサとの二人三脚

「社長を捕捉しました」

「調査せよ」

午前八時過ぎ。東京・大手町の東京国税局の「本部」に、**強制調査**[*4]（査察）に出動した数十人の査察官から次々に報告が寄せられる。四台の卓上電話は鳴りっぱなしだ。「真実売上帳あり」「重要ブツ（物証）あり」。情報を簡潔に書き入れる二台のホワイトボードは約二十分で埋め尽くされていく。

東京国税局査察部は、総勢約五百人。うち約二百人の情報班が、脱税の端緒をつかみ、半年から一年かけて裏付けを進める。査察に乗り出す実施班も約二百人。年間八十件近い査察を行い、約五十件を告発するが、この大半を受理して脱税犯を起訴に持ち込むのが東京地検特捜部だ。

特捜部で長く脱税事件を担当した経験のある最高検次長検事の上田《うえだ》広一《こういち》（六十一歳）は、

「国税の情報収集能力は素晴らしく、金の流れを追うことにかけては抜群の能力を発揮する」と評価し、査察部在籍二十年以上の元査察官は「大きな事件をやる時ほど、一緒に攻めないと成功しない」と信頼を寄せる。

県知事の汚職に発展

元国会議員秘書の口利きビジネスが問題となった二〇〇二年の業際《ぎょうさい》都市開発研究所（業際研）事件は、元徳島県知事らの贈収賄罪での摘発に発展した。特捜部の捜査のきっかけは、仙台国税局査察部が押収した十六冊のノートだった。元国会議員秘書の尾崎光郎《おざきみつろう》（六十歳）が記した「備忘録」。口利きをした工事名や相手の自治体幹部らの名前、渡した金額などが記されていた。

「全国にまたがる複雑な事件になる。徹底して調査しろ」。仙台国税局長だった鳥羽衛《とばまもる》（五十二歳）は、東京国税局と連絡を取るよう指示した。同局査察部が調査を始めたことで、ノートは特捜部に渡った。

ほかにも、ロッキード事件をはじめ、元自民党副総裁・金丸信による巨額脱税事件（一九九三年）など、査察部が大きく貢献した事件は数多い。

時には緊張関係も

「蜜月《みつげつ》」と映る検察、国税両当局の関係だが、時に権力機関ならではの緊張もある。

一九九八年の大蔵接待汚職事件での出来事も、その一つだった。特捜部は、金融機関による過剰接待の実態を解明するため、大蔵省（現財務省）幹部から一斉聴取したが、その中に現職の東京国税局査察部長がいた。関係者によると、査察部長は廊下で長時間待たされたうえ、調べ室に入った途端、担当検事からどなりつけられた。憤った国税幹部に対し、検察幹部は非公式に「若い応援検事が対応を誤った」と釈明したという。

「告発事件の滞留」という長年の課題もある。

二〇〇二年の衆院議員・鈴木宗男をめぐる事件で、特捜部は、脱税担当検事も動員したため、同年末には告発を受けたままの未処理の事件が数十件に上った。事件後、東京地検は全国から応援検事を得て集中処理に当たり、国税との関係維持を図った。元特捜部幹部は「告発を受けた事件は速やかに処理するようにしているが、大きな事件が続くと仕方がない面がある」と話す。

「市場の番人」にも出向

「大手証券会社を通じて取引された銀行株が乱高下し、株価操作の疑いがある」。検察から証券取引等監視委員会（監視委）に出向していた特別調査課の特別調査管理官・条原研二《くめはらけんじ》（五十一歳）は一九九六年七月、取引審査の担当者から報告を受け、極秘に五、六人の調査チームを編成した。

調査の結果、大手証券が、総会屋と関連のある不動産賃貸会社に資金提供していた事実が判明。条原は「大変な事件になる」と興奮を覚えながら特捜部に情報提供し、合同で捜査にあたった。逮捕者三十六人を出し、社長や役員ら七十七人を辞任に追い込んだ四大証券などによる利益供与事件だ。

一九九二年七月に発足した監視委は、証券会社への検査のほか、インサイダー取引などの不正を調査して検察に告発する「市場の番人」の役割を担う。告発は四年連続で十件を超え、西武鉄道株の名義偽装やカネボウの粉飾決算、ライブドア、村上ファンドなどの大型事件も記憶に新しい。

歴代委員長三人のうち二人は検察幹部OB。検察からの出向検事は三人から六人に増え、事務官同士の人事交流も行われている。元福岡高検検事長の委員長・高橋武生《たかはしたけお》（七十歳）は、「国税の調査には歴史があるが、監視委はまだ発足して十三年（二〇〇五年当時）。証券取引の複雑化で解明すべき事案は増えている。検察と協力し、それぞれの特性と権限を活用して事件処理を図ることが重要だ」と語った。

7　談合根絶でも連携

官製談合の摘発

二〇〇五年七月中旬、ＪＲ新幹線新横浜駅近くのオフィスビルにある日本道路公団関東第二支社に、東京地検特捜部の係官が目立たないように入っていった。捜索令状は携えていなかった。この時、係官の求めに応じて同支社が提出した資料の中に、第二東名高速「富士高架橋」工事に関する会議のメモがあった。一括発注の予定だった工事を、公団副総裁の内田《うちだ》道雄《みちお》（六十一歳）が分割発注するよう、強く指示した場面のやり取りが記載されていた。公団が発注する鋼鉄製橋梁《きょうりょう》工事の割り振り役を務め、同月十二日に**独占禁止法**[*5]（独禁法）違反の疑いで逮捕された元公団理事の神田《かんだ》創造《そうぞう》（七十一歳）も、後の公判では供述を覆したものの、取り調べ段階では「内田さんに分割発注を頼んだことがある」と漏らしていた。

分割発注によって受注業者数が増え、神田の受注調整が容易になったのだから、内田は談合を手助けしたことになる——。特捜部は独禁法違反で内田を立件する糸口をつかんだ。裏付けを進めた特捜部は、同月二十三日からの週末に内田をひそかに事情聴取。週明け二十五日に東京高検や最高検の了承を取り付けると、夕刻、一気に内田を逮捕する。公正取引委員会（公取委）の告発で五月に幕を開けた鋼鉄製橋梁談合事件の捜査は、メーカー各社の摘発を経て、官製談合の立件にたどりついた。

公取アレルギー

自由競争経済の監視役である公取委と捜査機関の検察との関係は、お世辞にも良好とは言えなかった。

第一次オイルショック後の狂乱物価の嵐が吹き荒れていた一九七四年二月、公取委は石油ヤミカルテルをめぐり、談合・カルテルでは独禁法施行後初の刑事告発を行った。ところが、事前に検察当局との協議はほとんどなく、検事総長あての告発状を最高検に置いていっただけ。告発状には公取委委員長の署名・押印もなかった。

検察は急遽《きゆうきよ》捜査体制を整え、最終的に石油元売り十二社などの起訴にこぎつけたものの、裁判で一部無罪が出るなど、苦い思い出が残った。「告発内容は、事実の認定がずさんで、（中略）率直にいって、公正取引委員会の実力を疑わざるを得ないひどいものだった」。当時、東京地検次席検事だった元検事総長・伊藤栄樹は著書『秋霜烈日《しゆうそうれつじつ》――検事総長の回想』にこう書いている。

検察に独禁法違反事件に対する〝アレルギー〟が植え付けられ、その後、公取委に出向する検事は「昼寝をしてていいから、とにかく告発だけはさせるな」と言われて送り出されたという。

関係改善

この関係は一九八九年から始まった日米構造協議で改善を迫られる。石油ヤミカルテル事件以降、告発ゼロという状態が「談合などに甘い」と批判されたため、法務省と公取委は勉強会を重ねて、告発の基準を作成。一九九一年一月には、公取委と検察の担当者で構成する告発問題協議会も設置された。

同年十一月、ラップヤミカルテル事件で十七年ぶりの告発が実現すると、その後、ほぼ二年に一回のペースで告発が行われるようになった。だが、検察内部には「独禁法の捜査は手間がかかるだけ」と敬遠する意識が強く、「確実に起訴できる事案しか告発は受けない」というのが暗黙のルールとなった。

橋梁談合事件は、第一弾の国土交通省ルートが公取委の告発に基づく捜査だったのに対し、第二弾の公団ルートは事実上、検察の独自捜査だった。「公団発注分も十分、疑わしかったが、公取委だけでは解明できなかった。検察との連携がうまくいった」と公取委委員長の竹《たけ》島一彦《しまかずひこ》（六十二歳）は言う。

捜査に投入された検事は、東京と地方を合わせ六十人以上。前例のない大規模捜査を、東京高検検事長の但木敬一は「官製談合をなくさないと、民間も含めた談合体質が変えられないと考え、検察も積極的に捜査を進めた」と振り返る。

竹島は「これからは告発を増やしたいので、独禁法に明るい検事を複数養成してほしい」と要望し、検事総長の松尾邦弘も「刑事機関として公取委を応援しなければならない。それにはやはり、事件をやることが大事だ」と意欲を見せた。

二〇〇六年一月からは、独禁法の改正により、公取委にも国税当局と同様、強制調査権が与えられた。従来、東京高検しか行えなかった独禁法違反での起訴も全国の地検でできるようになり、大阪地検特捜部は六月十二日、汚泥《おでい》処理施設などの建設をめぐる談合事件で、プラントメーカーと担当者を起訴。改正独禁法の適用第一号となった。

初の告発から三十年余。公取委と検察は、真のパートナー関係の構築に向け、新たな一歩を踏み出そうとしている。

8　ヤメ検弁護士

功罪

検察官出身の弁護士は、通称「ヤメ検」[*6]と呼ばれる。東京地検などの特捜部経験者は「ヤメ特」とも言われ、特捜部が手掛ける大型事件を中心に、多くの容疑者、被告から相談や弁護の依頼を受けている。二〇〇五年の鋼鉄製橋梁談合事件では、企業二十六社や日本道路公団幹部ら被告側に十人以上のヤメ検が付き、特捜経験者も名を連ねた。二〇〇四年の日本歯科医師会をめぐる事件でも、元会長には検察ナンバー2の東京高検検事長経験者が二人も弁護人に付いた。

ヤメ検に対しては、「検事時代に培った知識や経験、人脈を役立ててくれる」という評価の反面、「容疑を認めさせたがる」「経歴を利用して高額の報酬を得ている」などの批判があるのも、また事実だ。

元敏腕検事の転落

「特捜部検事の経歴も有する著名な弁護士という肩書に被害者側が全幅の信頼を寄せていることを奇貨《きか》とし、専門的知識を悪用した」「法律家として恥じるどころか、法曹たる使命感のみじんもうかがえない」

判決文には、厳しい言葉が連ねられていた。二〇〇二年六月の東京地裁判決の一節だ。被告は、弁護士の田中森一《たなかもりかず》（六十二歳）。「裏経済のフィクサー」と呼ばれた許永中《きょえいちゅう》（五十八歳）ら三人と共謀し、石油卸会社「石橋《いしばし》産業」から額面総額約百七十九億円の約束手形二通を騙《だま》し取ったとして、二〇〇〇年三月、東京地検特捜部に詐欺容疑で逮捕された。一貫して否認したが、判決は懲役四年の実刑だった。

田中は、東京、大阪両地検特捜部に在籍経験を持つやり手弁護士として知られていた。東京特捜時代には、政治家二人を受託収賄罪などで起訴した撚糸《ねんし》工連《こうれん》汚職事件（一九八六年）の捜査に携わり、政治家の取り調べにも当たるなど敏腕検事だった。上司との対立などを理由に退官し、一九八八年、弁護士に転身。イトマン事件（一九九一〜九二年）で許の共犯とされた同社元常務をはじめ、数々の著名事件で弁護を担当してきた。

二〇〇五年七月の控訴審での被告人質問。手形詐欺に絡んでノンバンク社長に助言した内容について、検事から「背任になっても処罰価値はないから心配しなくていいと言ったのか。逮捕の可能性もある事件ではないか」と問われ、「私が検事をやった経験で処罰価値はないだろうと、そう判断した」と自負ものぞかせた。しかし、控訴審でも懲役三年の実刑となり、上告した。

一線を踏み外した田中は特異な例だが、ヤメ検が頼られるのは、それなりの理由があるようだ。

「神通力」の幻想

二〇〇二年の業際研事件で、贈賄罪などで起訴され、実刑が確定した元国会議員秘書の尾崎光郎は、収監される前の二〇〇三年十一月、その心境を「検察ＯＢのほうが保釈を早める意味で、いいと思った」と振り返った。

尾崎が頼ったのは、旧知の矢田《やだ》次男《つぎお》（五十七歳）。東京、大阪の両特捜部で、公明党の元参議院議員が受託収賄罪で在宅起訴された砂利《じゃり》船《ぶね》汚職事件（一九八八年）やリクルート事件などの政界捜査に携わり、弁護士になってからも業際研だけでなく、橋梁談合、破綻《はたん》した旧東京協和、安全両信用組合の乱脈融資をめぐる旧二信組の背任事件（一九九五年）など多数の特捜事件で弁護に付いている。

尾崎は捜査終結の日、すぐに保釈された。東京地裁での公判では、「反論すると、反省がないとみなされる」という矢田の助言に従い、起訴事実を全面的に認めた。しかし、執行猶予の期待もむなしく、判決は懲役二年六月の実刑だった。

尾崎は控訴審になって、一部否認に転じた。「ヤメ検弁護士の手法は、頭を下げて執行猶予をもらおうとするものだと、ようやくわかった。保釈まではうまくやってくれるが、本当の弁護活動はしてくれない」と不満を隠さなかった。控訴審の途中で、矢田は弁護人から外れた。判決は一部否認について、「反省の態度に欠ける」と指摘し、一審の量刑を維持。最高裁で確定した。

矢田は、旧二信組事件の元東京協和信組理事長の高橋治則《たかはしはるのり》（上告中に死亡）、一九九八年に政党助成法違反や受託収賄など五つの罪に問われた衆院議員の中島洋次郎《なかじまようじろう》（上告中に自殺）の弁護人も務めた。二人は当初、容疑を強く否認したが、初公判では認めた。

矢田は「具体的な事件については言えないが、否認していれば何か月も保釈されない現実がある」と指摘。「それでも真実と思うことを貫くか、早期保釈と執行猶予を目指して現実的な路線をとるか、依頼者にメリットとデメリットの両方を示して選んでもらう。証拠を見て有罪の可能性が高ければ、認めた方がいいと勧めることもあるが、あとは依頼者の人生観、哲学の問題だ」と話す。

特捜部長として旧二信組事件などの捜査を指揮した最高検次長検事の上田広一は、「依頼者はヤメ検の神通力に期待するのだろうが、黒を白にできるわけもなく、『なんとかしてくれそうだ』という幻想にすぎない」と語った。

＊1　政治資金規正法
政治資金の流れを国民の監視下に置くため、政治団体には収支報告書の提出などを義務づけている。金丸五億円事件を機に、量的制限違反に罰金刑だけでなく禁錮刑が加えられるなど罰則が強化され、一九九九年の改正では政治家の資金管理団体への企業・団体献金が禁止された。収支報告書の虚偽記入・不記載罪は五年以下の禁錮または百万円以下の罰金。

＊2　国民政治協会
自民党への献金の受け皿となる政治資金団体。前身は「経済再建懇談会」で、「議員個人への献金は汚職の温床になる」との造船疑獄事件の教訓から一九五五年に設立された。献金のほぼ全額が自民党本部を経由し、所属議員に分配される。二〇〇四年に受領した献金総額は約三十五億五千四百七十万円。有力スポンサーだった日歯連からの献金は、二〇〇三年までの四年間で約十八億円に上った。

＊3　不逮捕特権
憲法、国会法の規定で、国会議員は会期中、院外での現行犯を除き、逮捕されない。自由な

政治活動を妨げないためだ。会期中に逮捕する場合、捜査機関が裁判所に逮捕状を請求し、裁判所から逮捕許諾要求書を受けた内閣が、議員の所属する院に許諾を求める。閉会中は手続きが不要で、一九七六年のロッキード事件、一九九二年の共和汚職事件などがこのケースだった。

＊4　強制調査

国税当局では、国税犯則取締法に基づき、特に大口で悪質な脱税者を調べる際に、査察部が実施する。監視委の場合は、インサイダー取引や株価操作などの不正取引を摘発する際、証券取引法などに基づいて行う。裁判官の許可状を得て、強制的に会社や自宅などを捜索し、関係資料を差し押さえるが、国税当局や監視委には容疑者を逮捕する権限はない。

＊5　独占禁止法

自由で公正な競争を確保するため、談合・カルテルなどの禁止を定めている。違反行為には、公取委が排除勧告、課徴金納付命令などの行政処分を行い、悪質なケースは、公取委による告発を経て刑事罰が科される。二〇〇六年一月施行の改正法は、公取委に裁判官の許可に基づく捜索・差し押さえの権限を与え、東京高検だけに認められていた同法違反での起訴が、全国の地検で可能になった。

＊6　ヤメ検

日本弁護士連合会によると、検事から弁護士に転じるのは毎年二十人前後で、検事経験を持つ弁護士は、弁護士登録している約二万二千人のうち、少なくとも約七百九十人。このほか、公証人を経て弁護士になる場合もある。個別事件の弁護人だけでなく、最近では、法令遵守意識の高まりから、企業の社外監査役や内部調査委員会などのメンバーに就くことも多い。

第四章　赤レンガの実像

検察官の仕事は、捜査や公判だけではない。通称「赤レンガ」と呼ばれる法務省の要職も占め、国会対策や死刑を適正に執行する準備などを行う。検察官が持つ「もう一つの顔」を探る。

1　国会対策

捜査介入の〝防波堤〟

「四名が逮捕されているが、その容疑は何ですか」

「……偽計《ぎけい》を用いるとともに風説を流布したという事実だと承知しております」

二〇〇六年一月二十六日の衆院予算委員会。東京証券取引所が全銘柄の売買を停止するなど株式市場に大きな混乱をもたらしたライブドア事件で、三日前、同社前社長の堀江《ほりえ》貴文《たかふみ》(三十三歳)らが東京地検特捜部に証券取引法違反容疑で逮捕された。法務省刑事局長の大《おお》林《ばやし》宏《ひろし》(五十八歳)は、淡々と容疑事実の要旨を説明した。

幹部の多くを検事が占める法務省は、隣接する捜査現場の検察庁とは異なる役割を持つ。国会での答弁もその一つだ。刑事局には、社会的な関心の高いものなど重要事件の報告が、各地検から捜査の着手前後に来る。国会質問に備えた情勢の把握、刑事事件の統計としての必要性などからだ。幹部らが地検から独自に情報を集めることもある。ライブドア事件でも、逮捕状を執行する前の二十三日夕には、すでに刑事局に情報が入っており、法相の杉浦正健《すぎうらせいけん》（七十一歳）にも伝えられていた。

同省の役割を、幹部は「国会に対する検察の窓口」とし、別の幹部は「捜査に不当な介入がないようにする防波堤」と表現した。

戦後間もないころは、地検の検事正らが国会に呼ばれ、議員の質問を受けることもあった。しかし、**造船疑獄事件**[*1]（一九五四年）の捜査をめぐり、当時の検事総長が答弁を拒否して審議が紛糾。結局、政府と国会の間で、「検察の具体的案件は法務官僚が対応する」ことで一致した。以後、政界絡みの事件では、「捜査中の事件につき、申し上げられない」というのが、法務省の常套句《じょうとうく》のようになった。厳しい質問にさらされる他省庁の幹部からは、「法務省はいいですね」とうらやましがられることもあるという。

だが、リクルート事件などのように、事件に関連して多数の議員の名前が報じられると、議員から「検察が記者にリークしている」との批判が出ることもある。同省元幹部は「報道機関の独自取材によるものです」とかわしてきた。この元幹部は「リークともなれば、これまで大目に見てもらってきた国会対応の根底が崩れることになる。頭の痛い問題だった」と振り返った。

法案を成立させるため議員に理解を求める根回しも、法務省の重要な仕事だ。

法案の根回し

国会対応の責任者、官房長だった頃安健司《ころやすけんじ》は一九九六年、議員へ説明に行くたびに、「あの法案は出すなよ」と忠告された。法務省は同年、法相の諮問機関「法制審議会」の答申を受け、「夫婦別姓」を盛り込んだ民法改正案を国会に提出することを決めた。法案は提出前に与党の了承を得るのが慣例だが、夫婦別姓には与党の自民党内で「家族の一体感を損ねる」などと反対の声が強かった。頃安は部下と東京・永田町の議員会館に日参し、各議員に頭を下げ続けたが、同党の反対は根強く、法案提出は見送らざるを得なかった。

東京地検特捜部の在籍経験も持つ頃安は、任官十五年目ごろから主に法務官僚の道を歩み、大阪高検検事長を最後に退官した。官房長時代、行政改革の一環で登記所の統廃合を手掛けたが、地元の登記所がなくなることに反対する議員から、「お前のクビを取ってやる」と凄《すご》まれたこともあるという。頃安は、「捜査をしたくて検事を選んだのに、国会対応では頭を下げてばかりいた。『なぜこんな仕事を』と思うこともあった」と苦笑する。

東京地検刑事部の検事、山下貴司《やましたたかし》(四十歳)も、法務省の経験者。任官九年目で盛岡地検から同省刑事局に異動した。国境をまたぐインターネット犯罪に対処する「サイバー犯罪条約」の交渉などに携わり、議員に条約の意義を説明して回った。一部に、「法務・検察は通信傍受の拡大を狙っているのでは」との誤解があったからだ。山下は、「法と証拠に照らして判断する検察と異なり、政治家や他省庁と協力し、社会が正しい方向へ進むよう汗をかくのが官僚の仕事。最初はとまどったが、やりがいは大きかった」と話す。

要職独占に異論も

捜査とは畑違いの国会対応や司法行政。どちらも検事の顔だ。東京・霞が関の法務省本省では、裁判官出身者を含む約百三十人の法律専門家が、その他の職員約七百人を引っ張る形だが、同省の要職を検事が占める現状には異論もある。

「犯罪者の更生を担う矯正・保護部門などのトップについては、検事にこだわらず、適材適所で考えた方が良い時代になったと思う」と話すのは、二十年以上の法務官僚経験を持つ東京高検検事長の但木敬一だ。外交交渉で弁護士が活躍する米国を例に、「他省庁に出向して交渉を補佐するなど、検事も法務・検察の枠を飛び出し、法律家として多様な働きが求められることになるのではないか」と、将来像を予測している。

2　死刑執行

前例なき法相発言

「私はサインしません」

二〇〇五年十月三十一日午後十一時過ぎ、東京・霞が関の法務省二十階会議室で開かれた新法相の就任会見。死刑執行について問われた杉浦正健が、こう言い切り、「私の心の問題というか、宗教観、哲学の問題だ」と述べると、会見場内に衝撃が走った。

刑事訴訟法は、裁判で確定した刑の執行を検察官の手にゆだねている。しかし、死刑だけは「法務大臣の命令による」とされ、法相が死刑執行命令書にサインしない限り、執行できない。法務省幹部は慌ただしく首相官邸などに連絡。約三十分後、杉浦は「発言は私個人の心情で、法相の職務について述べたものではない」という訂正コメントの作成を秘書課に指示した。コメントは翌日午前零時二十五分に発表され、直ちに事態の鎮静化が図られた。

真宗大谷派《しんしゅうおおたには》の僧侶《そうりょ》でもある左藤恵《さとうめぐむ》（八十一歳）のように、「執行後に冤罪と判明しても取り返しがつかない」と、法相在任中の約十か月間、サインしなかった例はあるが、就任早々、明言したのは前代未聞の出来事だった。左藤は、「杉浦法相は、死刑は廃止すべきだと思って『サインしない』と発言したのだろうが、現行法が変わらない限り法相の立場でサインしないのは無理だと考え直したのだろう」と話した。

執行命令書

死刑執行を担当する同省刑事局の参事官の手元には、確定順に死刑囚（二〇〇六年七月末現在、八十八人）の名が並んだリストがある。共犯の判決が未確定の者、再審請求中の者などを除き、原則として確定順に執行されるが、検事である参事官や部下の同局付は、改めて執行が妥当かどうか、恩赦の対象になりうるかどうかなどを検討する。

複数の死刑囚の命令書作成に携わった元検察幹部は、「裁判官や弁護人になったつもりで、すべての裁判記録に目を通し直した」と語る。事件現場に足を運び、当時の関係者から話を聞いたこともあったという。こうして作られた命令書の末尾には必ず、「恩赦を与える余地もないものである」と記される。

刑事局幹部のチェックを経た命令書はその後、政治情勢や法相の予定などを見ながら執行のタイミングを図る大臣官房、執行場所の拘置所を所管する矯正局、恩赦に関する事務を担当する保護局へと回される。最終的に法相のサインを得ると、五日以内に執行される。一連の手続きについて、法務次官の樋渡利秋《ひわたりとしあき》（六十歳）は「検察官は再審請求することもできるし、恩赦を与えるかどうかも判断しなければならない。執行には万が一にも間違いがあってはならない」と語る。

二〇〇四年九月、大阪教育大附属池田小で児童殺傷事件を起こした宅間守《たくままもる》の死刑が執行された。判決確定から一年足らず。死刑は確定後六か月以内に執行するよう刑訴法で定められているが、実際には七、八年程度経過しているケースが多い中で、異例の早期執行だった。

法相としてサインした野沢太三《のざわだいぞう》（七十二歳）によると、宅間の死刑を執行すると報告を受けたのは、約一か月前。命令書案のほか、厚さ十五センチほどの判決文などの資料も届けられた。「何の罪もない八人もの子どもを殺害した鬼畜のような犯罪。確定後六か月以内に執行しなければ、宅間自身が法務省を訴える姿勢を見せていたことも大きかった」と、野沢は明かし、「心の中で手を合わせるような気持ちで、命令書にサインした」と振り返った。

立ち会いに揺れる心

死刑執行に立ち会う検事の思いは複雑だ。

東京高検では長年、検事長、次席検事を除き、同高検への発令日が遅い順に立ち会う慣例になっている。ある検事は「誰もがやりたくないが、誰かがやらなければいけない仕事」と話す。立ち会った経験のある元同高検検事は、命令書を受け取った瞬間、「体中に氷が張り付いたような気持ちになった」と振り返る。執行までの間、「一人の命が確実にこの世からなくなる」という厳粛な気持ちと、「法の下では正当な行為だが外形的には殺人だ」との思いで心が揺れたという。

日本の死刑執行は、絞首刑だ。死刑囚は最期の祈りをささげた後、刑場に立ち、目に白い布を巻かれる。複数の刑務官が同時にボタンやレバーを操作し、死刑囚の足元の床板が外れると、「バタン」という大きな音が場内に響き渡るという。医師が死亡を確認するまでの約十分間、執行をじっと見守るのが検事の役目だ。

死刑制度に対しては、「残虐な刑罰だ」と人権団体や一部の国会議員などは廃止を強く訴えているが、一連のオウム真理教事件摘発以降の各種世論調査では、国民の八割近くが存続を望むとの結果が出ている。制度が存続する限り、その一端を担う検事の役割が変わることはない。

3　指揮権

波紋

検事総長の北島敬介《きたじまけいすけ》は、法相の中村正三郎《なかむらしょうざぶろう》（七十一歳）に会うため、法務省十九階の大臣室に向かった。中村が一九九八年七月末に就任した直後のことだ。

「総長が法相に呼ばれた」。その情報は瞬く間に、隣の検察庁に広がった。

きっかけは、中村が「法務省外局の公安調査庁も長官が情勢報告に来るのに、どうして検察庁は総長が来ないんだ」と言い出したことだった。中村の他の不用意な言動とも絡み、この一件は国会でも論議を呼んだ。野党から「検察官の独立を侵そうとした」と追及を受けるたびに、中村は「検察も行政機関の一つで、首相の指名を受けた私が指揮監督する立場にある」と釈明した。

中村はその後、米国俳優のアーノルド・シュワルツェネッガーの入国書類を私的に保管していた疑いなどが次々と浮上。国会を混乱させた責任を取って、就任から七か月余りで辞任に追い込まれた。中村は二〇〇五年八月に政界を引退。当時の経緯については、「公人ではないのでコメントできない」と語る。

一方、北島は「騒ぐような内容ではない」と言い、同省刑事局長として同席した松尾邦弘《まつおくにひろ》も「単なる犯罪情勢の説明だった。ただ、通常は刑事局長が行うもので、総長が法相に説明するのは珍しく、周囲も心配したのだろう」と振り返る。

波紋を呼んだ背景には、検察庁法の規定で、個別事件について「法相は検事総長のみを指揮できる」とする指揮権の存在があった。

唯一の発動

指揮権は戦後、一度だけ発動されたことがある。一九五四年の造船疑獄事件だ。

東京地検特捜部が、自由党幹事長の佐藤栄作《さとうえいさく》について収賄容疑で逮捕許諾請求するため、法相の犬養健《いぬかいたける》に了承を求めた。ところが、犬養は「国会審議に重大な影響を及ぼす恐れがあり、逮捕は行わないように」と指示。捜査がストップし、佐藤は逮捕を免れたが、犬養は辞任に追い込まれた。犬養は後に、月刊誌『文藝春秋』（一九六〇年五月号）に「指揮権発動により法務・検察幹部を軒並み引責辞職させ、意中の男を検事総長に据えようとする某政治家と検察幹部の思惑があった」とする手記を寄せたが、真相は今も藪《やぶ》の中だ。法律に基づいた手続きとはいえ、実際に指揮権が発動されれば捜査に重大な影響を及ぼすことが初めて現実のものとなり、これ以降、法相と捜査現場のトップである検事総長の間には、常に緊張感が漂っている。

ある検事総長経験者は、「もし在任中に指揮権が発動されたら、指揮に従わずに辞表を出す覚悟だった」と語った。

元検察幹部は、「指揮権発動があるとすれば、大臣との間に『誤解』が生じてしまっているということ。双方の立場をわきまえたうえで、大臣に極力、情報を上げるようにすることが、造船疑獄事件以後、組織が得てきた教訓だと思う」と話す。

「あうん」の法相報告

法相への重要事件の報告は刑事局が行うが、どういう事件をいつ報告するかを定めた規定はない。検察が国会議員を逮捕するような場合は、事前に捜査状況を報告するが、法相の決裁が必要なのは、内乱罪など国家体制の転覆を狙った容疑者の起訴・不起訴を決める時だけだ。

同省幹部は、政界事件などについて、「大臣への報告は早すぎても、遅すぎてもいけない。大臣の関心にも配慮しつつ、いつ、どのタイミングで耳に入れるかを決める必要がある」と言い、「いわば、あうんの呼吸だ」と打ち明けた。

元法相の一人は「捜査や裁判の情報をいち早く得られると思っていた所属派閥が、法務大臣のポストを望んだ」と、自らの就任経緯を語る。だが、「私は検察のことは検事総長に任せきりにしていたので、結果的に派閥の期待には応えられなかった」という。

この元法相は、造船疑獄事件が検察に残した〝傷跡〟を垣間見たエピソードも明かした。同省内の幹部会終了後のこと。雑談で「大臣にされると一番困ることは何だろう？」と尋ねると、幹部の一人が間髪を入れずに答えた。

「指揮権発動です」

4　判検交流

裁判官への異動

「どうして盗みを繰り返してしまうのですか」

二〇〇五年十二月八日、東京地裁四一八号法廷。裁判官の白坂裕之《しらさかひろゆき》（三十七歳）は、被告人席に立つ住所不定、無職の男（五十二歳）に問いかけた。男には窃盗の前科が七犯あり、今回も東京都内の事務所から携帯電話を盗んだ罪などで起訴されていた。

「仕事をしていなかったことが原因です」。男はそう言ってうなだれた。

今では黒い法衣姿もすっかり板についたが、実は白坂の〝本職〟は検察官だ。東京地検刑事部に所属していた二〇〇四年の年明け、東京地裁への異動を命じられた。裁判官と検察官の交流人事「判検《はんけん》交流」だった。「正直、驚いたが、立場は変わっても同じ法律家。違和感はなかった」。白坂は特別の研修もないまま、その年の四月から法廷で座る場所を検察官よりも一段高い裁判官席に変えた。

判検交流が始まったのは戦後間もないころ。法務省に民事の専門家が不足していたためで、最近では毎年四十人前後の裁判官が同省の民事局や訟務部門、検察庁などに出向している。白坂のように、検察官から裁判官になるケースもある。

判検交流には、法律家として視野を広げる効果も期待されている。

「検察官の仕事を客観的に見る良い機会になった」と白坂は言う。裁判官に立証の趣旨や尋問の意図を理解してもらい、有罪と確信してもらうには何をすべきか、身をもって感じているからだ。「主張を相手にわかりやすく伝える努力は、裁判員制度が導入されれば、これまで以上に求められるだろう」。白坂はそう付け加えた。

馴れ合いとの批判も

判検交流には「検察官と裁判官の馴《な》れ合いを生む」との批判もある。

特に、法務省の訟務検事として国の代理人を務めた裁判官出身者が再び裁判所に戻り、国相手の賠償請求訴訟などを担当するのは、「裁判の公正を損なう恐れがある」と日本弁護士連合会などから指摘されてきた。

判検交流とは異なるが、二〇〇一年二月には、検察官と裁判官の密接ぶりが改めて批判される〝事件〟が発覚した。福岡高裁判事の妻による脅迫メール事件の捜査情報を、検察官がこの判事に漏らしていた**福岡地検次席検事の情報漏洩《ろうえい》問題**[*2]だ。

「これは大変な問題だ」。当時、人事課長として問題の調査に当たった法務省官房長の小津《おづ》博司《ひろし》(五十六歳)は、事案の概要が判明するにつれ、その思いを強めた。前例がないうえ、「判事の捜査協力を得るためだった」という次席検事の釈明をどう評価するかも難しかった。

小津は最高検幹部らと何度も議論を重ねた。

最高検の調査報告書には、こう記された。

「裁判官への安易な信頼感から、犯行に使われた携帯電話の番号などを告知したもので、軽率で不適切。裁判所関係者への特別扱いと非難されても致し方ない面があった」

外部からの風

問題発覚から四か月。同年六月、司法制度改革を議論してきた政府の司法制度改革審議会の意見書は、「検事と裁判官の関係を改善する観点から、法務・検察への出向者が裁判官に偏っている現状を改め、広く人材を受け入れるための方策を講じるべきだ」と提言した。

これを受け、法務省は検事を弁護士事務所に派遣したり、企業で研修させたりする制度を開始。外部からも、弁護士や大学教授、臨床心理士ら二十一人（二〇〇五年末現在）を登用している。

慶応義塾大学法学部教授の北澤安紀《きたざわあき》（三十八歳）もその一人。二〇〇三年九月、任期付き採用で法務省の調査員になり、大学での講義や研究のかたわら、週一回、法務省に通って百年ぶりの大改正といわれる国際私法（財産法）の改正作業にかかわった。

「実務経験がない自分に何ができるのか」。当初はそんな悩みもあったが、幹部の一人から「法曹関係者には思いつかないようなアイデアがほしい」と助言され、民間出身者らしさを失わないよう心がけたという。

「判検」から始まった交流は、「法曹三者」へ、さらには「民間」へと広がりつつある。小津は断言する。「（法科大学院修了者を対象とした）新司法試験制度のもと、毎年三千人の法曹が生まれる時代が間もなく来る。交流は今後も間違いなく拡大する」

5　調査活動費

「証人はどのようなことで、調査活動費の不正流用を知ったのですか」

「当時の高検庶務課長から、偽造領収書を作成してほしいと依頼されて知りました。絶対に秘密にしてほしいとも言われました」

元副検事の証言

二〇〇二年十一月二十六日の仙台地裁。元副検事の高橋徳弘《たかはしとくひろ》（五十二歳）は、仙台地検、仙台高検の調査活動費に関する情報公開請求訴訟の口頭弁論で、原告側の質問に証言した。

一九九六年まで約二十二年間、事務官や副検事として、主に仙台高検管内の検察庁に勤務し、一九八三年から九三年までの間、数回にわたり、上司の依頼で「高橋正彦」という名を領収書に書き込む偽造行為を繰り返したと明かした。書き損じた領収書、公印が押捺《おうなつ》された上司からの協力依頼書なども、証拠として提出されていた。

二〇〇三年と〇四年に言い渡された仙台地裁、仙台高裁の判決は、開示請求対象の一九九八年度分調査活動費について、不正流用の証明が不十分などの理由から、原告の市民グループの訴えを退けた。しかし、「高橋証言の信用性は高い」とも認定し、こう指摘した。「少なくとも一九八三年から九三年にかけて、仙台高検の調査活動費に関し、領収書の偽造が認められ、あえて偽造までしていることから、不正に流用されたのではないかとの強い疑いが生じる」

流用できる余地

「調活《ちょうかつ》」。検察関係者の間でそう呼ばれる調査活動費は、情報提供者への謝礼などに使う経費として、検察庁に認められた予算だ。地検であれば検事正にまとまった金額が交付され、事務局長が現金を保管。必要に応じ、情報提供者らに支払われる仕組みになっていた。内偵捜査で協力者から極秘に情報を得るための経費という性質上、通常の経費とは異なり、領収書を会計検査院に提出しなくてもよく、協力者が実在するかどうかを検査院が追跡調査することもなかった。このため、架空の情報提供者を仕立て、領収書を偽造すれば、架空人物あてに支出した調査活動費を検事正らの飲食や捜査の打ち上げ費用など他の目的に流用できる余地があった。

「よくないと思いながら、仕方がないと割り切るしかなかった」。元事務局長の一人は、自らの苦い経験を振り返った。

官官接待や旧大蔵省の接待汚職などが相次いだ後の一九九八年夏以降、法務・検察当局は調査活動費の見直しに着手した。一九九八年度に約五億九千七百万円あった調活費は、一九九九年度・約三億四千八百万円、二〇〇〇年度・約二億四千四百万円、二〇〇一年度・約一億七千百万円と減り、二〇〇二年度以降は八千万円台で推移している。

見直しで急減

二〇〇一年秋から、調活費支出の際、使途や相手先を明記した書面の作成が義務づけられ、検事正と次席検事ら複数の幹部が使用状況を相互チェックする体制になった。二〇〇二年以降は、最高検に監察担当検事も配置された。

急激な減額の理由は、公式には「インターネットを使った情報収集の必要が高まったため、調査活動費を削り、コンピューター関連予算に振り替えた」と説明された。しかし、別の元事務局長は「この時期を境に、調活で苦労せずに済むようになったという声があちこちで聞かれた」と話す。

残る不透明感

「調査活動費は適正に執行されております」「改めて調査を行うことは考えておりません」――。調活費について内部告発の動きを見せた当時の大阪高検公安部長・三井環《みついたまき》（六十一歳）が二〇〇二年四月、詐欺容疑などで逮捕された、いわゆる三[*3]

井事件以降、調活費問題が国会で取り上げられるたびに、森山真弓《もりやままゆみ》（七十八歳）ら歴代法相は同じ答弁を繰り返してきた。

「（流用が）過去に何もなかったという意味ではなく、今はなくなったということを強調して言った」と森山は語る。ある検察幹部は「退職者も含め関係者すべてを調査することは不可能だった」と言う。しかし、積極的な反証をしない姿勢は、調活費の不透明さを印象づけることにもなった。

検察幹部は調活費を見直したことについて、「疑いを招く可能性をなくすことが、検察が強い組織になっていくために必要だった」と明かす。検事総長の松尾邦弘は、こう思っている。「長い間、調査活動費のわかりにくさという点に思いが至らなかった。国民への説明という面で反省すべき点があった」

6　認証官

同期で数人

「重任、ご苦労に思います」

公安調査庁長官から広島高検検事長に異動することになった木《き》藤《ふじ》繁夫《しげお》（六十五歳）は二〇〇一年五月二十二日、皇居内で行われた認証官任命式[*4]で、天皇陛下から「検事長に任命する」と書かれた辞令を受け取った際、お言葉をかけられた。一礼して数歩下がり、向き直ってその場を辞した。この間、声を発したり、咳《せき》をしたりしてはいけない。「おのずと身が引き締まるような緊張感があった」という。

検察官の人事は、年齢や大学卒業年次よりも、司法修習で何期にあたるかが絶対とされており、ポストも厳格に序列が決められている。同期の任官者数十人のうち、最高幹部の認証官になれるのは数人程度だ。

「A庁入り」の後

検察官は任官後、いったん東京地検に配属される。その後、都市部と地方の地検で捜査や公判を経験し、再び東京地検など検察内部で「A庁」と呼ばれる大規模な地検に戻る。これを「A庁入り」と言う。同期のほぼ全員が足並みをそろえて動くのはここまでだ。以降は、特捜部で政界汚職などの捜査を手掛ける検察官もいれば、それ以外の事件の捜査・公判を担当する者もいる。法務省の各局で立法作業に携わったり、海外に派遣されたりするケースもある。

法務次官の樋渡利秋は、検察官として脂がのる任官二十年前後の〝花形ポスト〟の例に、「特捜部副部長と法務省刑事課長」を挙げる。「検察の独自捜査の要」だからだ。検事総長の松尾邦弘も、この二ポストについて「『この人が適任』とみれば必ず連れてくる」と強調する。刑事課長は、特捜事件を法解釈の面などからバックアップする役割を担う。認証官の多くは、どちらかを経験している。その中から検事総長まで上り詰めるのは、戦後の一時期を除き、法務官僚トップの次官か、捜査現場トップの東京、大阪両地検検事正の経験者だ。

幹部候補は早期に選抜

法務・検察の幹部候補は、以前は「『二回試験』と呼ばれる司法修習修了時の試験の成績で決まっていた」(法務省幹部)と言われるほど、早期に選別されていた。「今は試験の点数は関係ない」と言うものの、トップの候補者が、早くから少数に絞られる実態に変わりはない。

次期検事総長が確実視されていた現職の東京高検検事長が一九九九年四月、女性スキャンダルで辞職を余儀なくされた。この時は〝中継ぎ〟を立てるのもままならず、前後の検事総長が約三年ずつ在任して急場をしのいだ。検事総長が二代続けてほぼ三年間在職したのは、一九六〇年代以来だった。

公証人は天下り先？

認証官にならない検察官の多くは、定年の六十三歳まで勤めることなく、六十歳前に「肩たたき」を受けて、遺言書など公正証書を作成する公証人になる。法務省幹部の一人は、「公証人は検察官人事にほぼ組み込まれている」と、事実上の〝天下り先〟になっている実態を認める。都市部と地方で収入が大きく異なる公証人の人事は、地域の振り分けがすべてと言っても過言でない。

同省官房長らが、定年（七十歳）を迎える公証人の勤務地、認証官にならずに退官する検察官の最終ポストの軽重などを考慮して決める。実際には、部制を敷いている大規模な地検の検事正や、最高検の部長を最後に退官した検察官が、勤務地について最も優遇される。この仕組みには「閉鎖的だ」との批判も強いが、ある幹部は「公証人への道がないと、定年前に辞める検察官が減り、人事が破綻する」と打ち明ける。

関西検察

二〇〇六年一月十三日、法務・検察内部で四月の定期異動対象者に「意向打診」と呼ばれる異動先の内示があり、庁舎内では「上司に呼ばれた？」などと、ひそひそ話を交わす光景が見られた。人事は検察官にとっても大きな関心事だ。

大阪地検検事正を頂点として、同地検を中心に異動を繰り返す〝関西検察〟と呼ばれるグループがある。二〇〇二年四月、大阪高検公安部長の三井環が逮捕された事件以降は、関西検察の検察官も、徐々に全国規模で異動させるようになってきた。三井は、かつての上司を内部告発する動きを見せるなど、検察内部で異端視されていた。ある法務省幹部は、三井の行動の背景に「自身の処遇に対する不満が高じた結果ではないか」とみていた。人数の少ない関西検察では、一人の幹部検察官が異動すると、玉突きで後任人事が決まるケースが多い。反面、いったんこのラインから外れると、「将来良いポストに就く道が閉ざされることが、露骨にわかってしまう」(幹部)との弊害があったという。

赤レンガ派と現場派

かつては法務省の本省勤務が長い検察官を「赤レンガ派」、検察庁が長い検察官を「現場派」と呼んだ時代もある。「以前は、上司が異動する際、優秀な部下を連れて行くケースもあったようで、その結果として本省、現場のどちらかに偏ることが多かったのだろう」と、樋渡は言う。

こうした反省から、本省と現場をバランス良く経験させるよう改め、近年は本省に四年以上続けて在籍する検察官はごく少数になった。二〇〇六年は四月一日付で、課長クラスを含め、例年をやや上回る二十一人が本省から現場に異動した。

7　矯正・保護

九十七年ぶりの改正

議場は、大きな拍手に包まれていた。二〇〇五年五月十八日、参院本会議が全会一致で、刑事施設受刑者処遇法案*5を可決。一九〇八年（明治四十一年）に制定された監獄法が、受刑者の人権に配慮した形で初めて改正された瞬間だった。矯正局長だった検事の横田尤孝《よこたともゆき》（六十一歳）は議場の外で、漏れ聞こえる拍手を聞きながら、同じ国会で法務省が集中砲火を浴びた二年前を思い出していた。「非常に不幸な形だったが、あの事件で矯正の問題が噴き出したからこそ、一気にベクトルが動いた」

受刑者らの処遇を改善する「行刑改革」に、同省が本気で取り組む契機となったのは、名古屋刑務所で二〇〇一〜〇二年、刑務官による暴行で三人の受刑者が死傷した事件だった。「刑務官による殺人だ」「矯正局全体に隠蔽《いんぺい》体質がある」

二〇〇三年二月、衆院予算委員会で同省の責任を追及する怒号が飛び交った。答弁の不手際などもあり、同省は三月末、横田の同期で前任の中井憲治《なかいけんじ》（五十九歳）を更迭するなど幹部らを処分。矯正行政への信頼は失墜した。省内に設けた調査検討委員会の中間報告では、戦後間もない時期の一人を除き、矯正局長に検事をあててきたことの功罪まで言及した。

検事の職務は、捜査や公判だけでなく、刑の執行の指揮まで刑事司法全般に及ぶ。矯正局、保護局など、刑事局以外の法務省幹部にも検事があてられているのはこのためだ。

先送りされた改革

だが、これまでの検察は、公判が終わって刑が確定した後の活動に熱心だったとは言い難い。人事課長経験者は「本省の局長、総務課長ポストは、法務・検察人事のキャリアアップの一つとしてとらえられ、腰掛け感覚の人もいた」と明かす。約二年で局長や筆頭課長の異動が繰り返され、同省が受刑者らの処遇改善に積極的とは言えなかった。

それを端的に表していたのが、一九八二年から三度にわたって法案を提出しては廃案を繰り返した監獄法改正問題だ。警察の留置場を拘置所代わりに使う「代用監獄」をめぐる意見の対立が最大の原因だったが、その裏で、過剰収容や、薬物使用者、高齢者、外国人ら処遇の困難な受刑者の増加など、矯正の現場が抱える問題の解決も先送りにされてきた。

二度目の廃案（一九九〇年）当時の官房長で、法相の諮問機関「行刑改革会議」の委員も務めた井嶋《いじま》一友《かずとも》（七十三歳）は、「二十年前に監獄法が改正されていれば、名古屋刑務所の事件は起きなかっただろう。事件は、起きるべくして起きた。忸怩《じくじ》たる思いはある」と話す。

「元受刑者を講師に呼ぶという決断に、矯正局の切迫した思いを感じ取りました」

重要さ増す「公判後」

二〇〇四年六月、法務省で行われた全国行刑施設長会同で、秘書給与流用事件で懲役一年六月の実刑判決を受け、受刑生活を送った元衆院議員の山本譲司《やまもとじょうじ》（四十三歳）が、切り出した。緊張して講演を聞く所長たち。釧路刑務所長の水上要《みずかみかなめ》（五十五歳）は「何を言い出すのか緊張した」と振り返る。講演をセットしたのは、矯正局総務課長の検事、林真琴《はやしまこと》（四十八歳）だった。

「矯正局に来て、いかに自分がこれまで刑事司法の中で『公判まで』しか見てこなかったかを思い知った」と、自戒を込めて語る林は、同省にとって非常事態のさなかだった二〇〇三年四月に着任。全国七十四か所の刑務所などの半数以上を視察し、矯正の現場で働く刑務官の過酷な勤務実態を知った。それまで刑務所独特の用語すら知らなかったが、約二万一千人の刑務官などにとって外様《とざま》である検事だからこそ、塀の中の常識を外の常識に変えられると感じていた。

矯正局での行刑改革に続き、二〇〇四年の奈良女児誘拐殺人事件を機に、性犯罪者の再犯防止や更生保護の問題も浮上するなど、世間の注目は「公判後」に集まりつつある。法務省で矯正、保護にかかわる検事の数も、十年前の一・五倍になり、内閣府の犯罪被害者等施策推進室にも検事が出向している。

「自分が起訴して有罪にした人たちが、刑務所の中でどう処遇されているのか、社会にどう復帰していくのか。これからの検事は、もっとそうしたことに関心を持つべきだ」。検事総長の松尾邦弘は、そう考えている。

＊1　造船疑獄事件
不況にあえいでいた造船、海運各社から、運輸省幹部や政治家に巨額の賄賂が渡った戦後最大級の汚職事件。業者側は、船舶建造で受けた融資の利子を国が肩代わりする法律の制定を求めるなどし、国会議員四人を含む計三十四人が起訴された。法相の指揮権発動で収賄罪での訴追を免れた佐藤栄作はその後、政治資金規正法違反の罪で起訴されたが、国連加盟による大赦で免訴となった。

＊2　福岡地検次席検事の情報漏洩問題
福岡高裁判事の妻が脅迫メールを送りつけた事件で、妻の逮捕前、同地検次席検事が判事に被害者の住所や氏名、犯行に使われたプリペイド式携帯電話の番号などの捜査情報を漏らした。検察官と裁判官の癒着との批判が強まり、次席検事は停職処分を受けて辞職、判事も最高裁の分限処分で戒告処分となり、依願退官した。

＊3　三井事件
二〇〇二年四～五月、大阪高検公安部長だった三井環が、捜査情報漏洩の見返りに暴力団関係者から接待を受けるなどして、収賄、詐欺罪などで逮捕・起訴された事件。検察史上初めて検事総長が懲戒処分を受けた。三井は公判で、調活費問題を内部告発し、「口封じのための逮捕だ」と主張したが、大阪地裁は二〇〇五年二月、実刑判決を言い渡した。三井は控訴した。

＊4　認証官
任免に天皇の認証を必要とする官職。国務大臣や大使、最高裁判事、高裁長官などで、検察官では、検事総長、次長検事、八高検（東京、大阪、名古屋、広島、福岡、仙台、札幌、高松）検事長の計十ポストある。検事総長に次ぐのが東京高検検事長、以下、大阪高検検事長、次長検事などと序列がある。法務次官は認証官ではないが検事長に準ずるポストで、他の認証官を経ずにナンバー2の東京高検検事長になるケースが多い。

＊5　刑事施設受刑者処遇法

名古屋刑務所事件を機に、受刑者らの管理を主な目的とした監獄法への批判が強まり、二〇〇五年五月、法相の諮問機関「行刑改革会議」の提言に沿った形で、矯正教育の充実などをうたった刑事施設受刑者処遇法が成立。留置場、拘置所に拘置中の容疑者や被告といった未決拘禁者の処遇改善についても、代用監獄の存続を前提に、法務省が二〇〇六年の通常国会に同法改正案を提出し、成立した。

第五章　あすへの模索

二〇〇九年に始まる裁判員制度、国境をまたぐ事件の増加、規制を緩やかにする代わりに事後チェックを重視する社会への転換……。検察官の仕事も、時代の変化と無縁ではない。検察は、こうした新しい時代に、どう対応していこうとしているのだろうか。

1　国際化への対応

フランスの要請で聴取

二〇〇五年十一月、東京・霞が関の検察合同庁舎で、東京地検特捜部は大手商社の元部長をひそかに事情聴取した。元部長は一九九〇年代後半、ナイジェリアにある大型液化天然ガスプラントの受注プロジェクトにかかわっていた。プラントの増設工事を受注したのは、日本と米国、フランス、イタリアの四企業が出資した合弁会社。ナイジェリア政府高官に対する資金提供疑惑が浮上し、米国とフランスの司法当局が捜査に乗り出していた。

合弁会社に出資した米企業の親会社が、米副大統領のチェイニーが最高経営責任者を務めた米石油大手「ハリバートン」だったことで、疑惑は欧米で高い関心を呼ぶ。米誌『ニューズウィーク（電子版）』は、提供額は一億八千万ドル（約二百億円）にも上る可能性があると伝えた。

特捜部の事情聴取は、フランス当局からの捜査共助要請を受けたものだった。だが、元部長や合弁会社に出資した大手プラント建設会社の担当者らは疑惑を否定。資金の流れが特定されていないこともあり、海外の当局が疑惑を立件する見通しは立っていない。

国境を越えた犯罪に対する日本の取り組みは、積極的とは言い難かった。

海外贈賄、起訴いまだゼロ

「検察庁は、外国公務員への贈賄事件を立件した事例がない理由について、内部的な検討をすべきだ」。経済協力開発機構（OECD、本部・パリ）の作業部会は二〇〇五年三月、日本政府に厳しい勧告を突きつけた。日本を含むOECD加盟国などは一九九七年、「外国公務員への贈賄防止条約」[*1]に署名。日本も翌九八年、不正競争防止法を改正し、外国公務員への贈賄を処罰する規定を盛り込んだ。ところが、特捜部が二〇〇二年に捜査した三井物産のモンゴル政府高官に対する贈賄疑惑は立件に至らず、起訴した例はいまだにない。

「起訴ゼロという数字は、公正な国際商取引の維持に向けた日本の姿勢について、国際社会が不信感を増す要因になる」と、法務省刑事局国際課企画官の瀬戸毅《せとたけし》（四十二歳）は言う。

また、日本は捜査共助の迅速化を図るため、二〇〇三年に米国と初めて、司法当局同士が外交ルートを通さずに捜査情報をやり取りできる「日米刑事共助条約」を結んだが、こうした二国間条約は、実は世界のあちこちですでに結ばれており、日本も遅まきながらその流れに乗った形だ。「証拠収集の時間が大幅に短縮され、日米の担当者が個人的な信頼関係を築くことも期待できる」。国内の法整備を手掛け、現在は在米日本大使館の一等書記官を務める検事、山内由光《やまうちよしみつ》（四十歳）はそう語る。

マネーロンダリング（資金洗浄）や国際テロの根絶を目指す新たな国際協力の場に身を置く日本の検事も現れ始めた。

国際協力の場に身を置く

ニューヨークの国連本部に設置され、二〇〇五年から本格稼働を始めたテロ対策部（CTED）。同部に派遣された検事の高須司江《たかすすえ》（四十三歳）は、世界十四か国から集まった法律家ら十七人の専門スタッフとともに、国連加盟国にテロ法制やマネーロンダリング防止の仕組みが整備されているか、チェックする仕事に従事している。テロリストに安住の地を与えるような法規制の緩い国を発見し、是正させる。それが、CTEDの目的だ。高須は各国から提出させたレポートの分析を終え、二〇〇六年七月から担当地域である東南アジア諸国の現地調査に着手した。「宗教的に中立な日本の法律家は、どの国の調査にも携わることができる。こうした特殊性を生かした協力が求められている」。高須は、そう感じている。

刑事司法の分野で、国際社会の信頼をどう得ていくのか——。外資系金融機関で弁護士経験を持ち、法務省の国際課長も務めた最高検付の検事、岡村和美《おかむらかずみ》（四十八歳）は、「検察が国際分野を戦略的に重要な問題と位置づけ、長期的な視点で検事を関係機関に派遣するなど、国際社会の秩序維持に貢献していく必要がある」と話している。

2　企業責任を問う

遵法姿勢を監視

「水質測定データを書き換えていました」

製鉄大手「JFEスチール」の社長らが謝罪するニュースに、千葉地検検事正の神垣清水《かみがきせいすい》（六十歳）は「構造的な事件かもしれない」と思った。

二〇〇五年二月に発覚した同社東日本製鉄所千葉地区の違法排水、データ改竄《かいざん》事件。捜査は前年末、千葉海上保安部が白く変色した護岸を発見して始まった。そのさなか、同社は、猛毒のシアン化合物を含む汚水を排出し、排水の水質測定データを基準値内に収まるよう書き換えていたことを公表した。

東京ドーム百七十六個分、約八百二十万平方メートルの敷地内で行われる鉄鋼の生産過程は複雑だ。従業員も二千六百人を超える。汚水排出やデータ改竄の経緯、上層部の関与など全容解明のため、神垣は刑事部の検察官十八人のうち三人を捜査に専従させた。一人で十数件の事件を抱える刑事部では、異例の体制だった。

翌三月、千葉地検は千葉海上保安部とともに水質汚濁防止法違反の容疑で関係先を捜索。次席検事の幕田《まくた》英雄《ひでお》（五十三歳）は、「原状回復と再発防止こそ住民が求めるもの」と考えていた。神垣とともに、同社の顧問弁護士・中靍《なかつる》聳《すすむ》（七十歳）に「会社がどれだけ再発防止に取り組むか、注視しています」と伝えた。

このケースでは、同法の罰則は最高で禁錮三月または罰金三十万円だが、法人も処罰されると産業廃棄物処理業の許可が取り消される。生産過程で廃棄物が出る製鉄会社には、死活問題だ。同社は二百億円を注ぎ込み、汚水流出の防止工事や炉の改修に着手、測定データも複数で点検する体制を築いた。

千葉区検は十月、千葉地区元幹部ら三人を略式起訴する一方、法人は起訴猶予とした。「会社ぐるみではなく、再発防止にも努めている」との判断だった。

神垣は「公平な処罰と、被害者の適切な救済が求められる時代に変わった」と感じている。検察官三人を投入して全容を解明したとはいえ、結果は罰金刑。捜査を尽くしても国民の納得する結果が出なければ、検察が批判される可能性もある。「こうした事件にどう取り組んでいくべきか、まさに議論の時だ」。神垣はそう考えている。

規制緩和社会の〝門番〟

政府は一九九八年、規制緩和推進計画[*2]で「事前規制型から事後チェック型の行政への転換」を打ち出し、許認可など行政の規制を緩やかにして経済の活性化を目指す一方、ルール違反には厳正に対処していく方針を明確にした。社会が「事後チェック」を重視する方向に変わる中、検察がルールを逸脱した企業に厳しい姿勢で臨む先駆けとなったのが、ＪＦＥ事件を捜査した幕田も「意識した」という三菱自動車の欠陥隠し事件と言われる。

二〇〇三年十月、横浜地検検事正に着任した鈴木《すずき》芳夫《よしお》（六十歳）は、神奈川県警が三菱自動車の欠陥隠しに伴う業務上過失致死傷事件を捜査していると聞き、驚いた。その三年前、大津地検検事正時代に手掛けた富士重工業のリコール隠し事件を、各社は教訓にしたと思っていたからだ。三菱自動車は二〇〇一年にも罰金刑を受けていただけに、なおさらだった。「なぜ繰り返されるのか。組織的な関与を解明しないと、再発防止につながらない」。県警をバックアップするため、横浜地検は専従班を設け、東京高検の協力も得て捜査を進めた。その結果、欠陥の原因について国に嘘《うそ》を報告していた疑いが浮上した。当時の道路運送車両法の罰則は、法人、個人ともに罰金二十万円以下。略式起訴で済む事件だったが、横浜区検は二〇〇四年五月、「法廷で真相を明らかにしたい」と、法人としての三菱自動車、三菱ふそうトラック・バス前会長ら三人を正式に起訴した。

公判で、弁護団は「国への説明に虚偽はない」などと無罪を主張している。一方、三菱自動車では、常務執行役員の橋本光夫《はしもとみつお》（五十七歳）が「過ちは繰り返さない。捜査を機に会社は変わった」と強調するように、日々のトラブルやユーザーの苦情を複数の部門で共有、上層部に報告する体制を敷き、社員へのコンプライアンス（法令遵守）教育も強化した。

「リコール制度は事後チェックの典型例。そこが尻抜けになって、被害を受けるのは国民だ。企業がルールを遵守しているかどうかチェックする機能が、ますます検察に求められている」。捜査を指揮した鈴木の実感だ。

3　医療事故捜査

医師逮捕に医療界反発

一人の医師の逮捕が大きな波紋を呼んだ。

福島県大熊《おおくま》町の県立大野《おおの》病院で二〇〇四年十二月、帝王切開の手術中に女性（当時二十九歳）が失血死した医療事故。執刀した産婦人科医（三十八歳）が二〇〇六年二月、福島県警に逮捕され、三月十日に業務上過失致死と医師法（異状死体の届け出義務）違反の罪で起訴された。

「大量出血は予見できたはずで、無理に胎盤をはがすべきではなかった。医師の判断ミスだ」。福島地検次席検事の片岡康夫《かたおかやすお》（四十八歳）は、起訴の理由をそう説明した。「女性は医師を信頼していたのに、麻酔で何もわからないまま亡くなった。この事実は軽視できない」と、被害者感情にも触れた。

医療事故で医師が逮捕されるのは異例だった。また、同病院で産婦人科医はこの医師一人で、年間約二百三十件の出産を手掛けていた。「事件は産婦人科医不足という医療体制の問題に根ざしている。医師個人の責任を追及するのは、そぐわない」。日本産科婦人科学会など関係団体は、逮捕・起訴を強く批判した。

増加する医療事故を前に

年間一万件以上とも推計される医療事故死で、近年、医師個人の刑事責任を問うケースが増えている。警察庁のまとめでは、警察から検察への送致件数は一九九七年の三件から二〇〇五年は九十一件に増加。また、医療事件の判例に詳しい元福岡高検検事長で弁護士の飯田《いいだ》英男《ひでお》（六十七歳）によると、医療事件の起訴件数（略式含む）は、一九九八年までの約五十年間は百三十七件だったが、一九九九年からわずか六年間で計七十九件に上る。

増える一方の事件を処理するため、東京地検は二〇〇二年四月、刑事部に医療専従班を設けた。しかし、二〇〇五年から〇六年にかけて、**東京女子医大事件**[*3]と**杏林大病院割りばし死事件**[*4]で、相次いで医師に無罪が言い渡された。同地検で薬害エイズ事件の公判を担当し、医療事故の捜査に詳しい検事の青沼隆之《あおぬまたかゆき》（五十一歳）は言う。「医療事故は、非常に立証が難しい。だが、事故が起きた時の原因や責任を追及する制度が整っていない現状で、悪質な過誤やカルテ改竄を前に、我々が手をこまぬいているわけにはいかない」

摘発どこまで

「医療現場は常に死や傷害と隣り合わせ。専門知識に乏しい警察や検察に、罪となる医療を過不足なく判断する能力があるとは思えない」。二〇〇五年四月、東京・虎《とら》の門《もん》病院泌尿器科部長の医師、小松秀樹《こまつひでき》（五十六歳）は、最高検の「医療事故等研究会」に講師として招かれ、医療事故の捜査を批判した。最高検が同年、研究会を設置した背景には、「捜査は医療現場を萎縮《いしゅく》させるだけで、再発防止に役立たない」という医療界からの指摘があった。

欧米では、医療事故に対して基本的に刑罰を適用しない代わりに、第三者機関などが独自に原因を調査し、医師に免許剥奪を含む処分を厳しく行っている。対照的に、日本では、医師に対する行政処分は、刑事事件で罰金以上の刑が確定した場合などに限られてきた。

こうした刑事司法頼りから脱却しようと、厚生労働省は二〇〇二年十二月、刑事裁判の確定を待たず処分する方針に転換。二〇〇五年九月からは、治療中に起きた不審死について、第三者の医師や弁護士が死因究明と再発防止策を検討するモデル事業を実施している。

東京女子医大事件で小学六年生の二女（当時十二歳）を失った群馬県高崎市《たかさきし》の平柳利明《ひらやなぎとしあき》さん（五十五歳）は、「捜査で医療界の隠蔽体質には変化が生じたが、原因究明には限界も感じた」と話す。飯田は「捜査機関とは別に専門医が調査し、その結果に基づき行政処分するシステムができれば、検察が扱うべき事案は、患者取り違えのような悪質なものに限られる。今はその過渡期だ」と分析する。

「重大事件が相次ぎ、医療不信が高まる中、検察は遺族感情に突き動かされて刑事罰を積極的に適用してきた。しかし、すべてを刑事事件にするのがいいのかどうか」。ある検察幹部は、揺れる胸の内をそう語る。刑事司法がどこまで医療事故に踏み込むべきか――。最高検の研究会は明確な結論を出せないでいる。

4　航空機事故捜査

判決を聞いた伊丹俊彦《いたみとしひこ》（五十二歳）は、割り切れない気持ちを抱いていた。

「指示を間違えた管制官が無罪なら、いったい誰に責任があったというのか」

管制官無罪

静岡県焼津《やいづ》市上空で二〇〇一年、日本航空の旅客機二機が異常接近（ニアミス）し、百人が負傷した事故。業務上過失傷害罪に問われた管制官二人に対し、東京地裁は二〇〇六年三月、被告側の主張をほぼ認め、過失を否定して無罪とした。伊丹は、東京地検刑事部が二〇〇四年、二人を在宅起訴した時の担当副部長だった。

事故は、計六百七十七人が搭乗する大型機同士が空中衝突寸前まで接近、一歩間違えば大惨事になりかねなかった。警視庁は、指示を誤った管制官二人に加え、衝突防止装置の指示に従わなかった機長一人の計三人を書類送検。伊丹らは悩んだ末、管制官と衝突防止装置の指示のどちらに従うか当時は決まっていなかったため機長を不起訴とし、便名を言い間違えるなど指示を誤った管制官だけを起訴した。

二〇〇二年に調査報告書を公表した国土交通省の航空・鉄道事故調査委員会[*5]（事故調）の見方は、検察とはやや異なる。報告書では、管制官のミスだけでなく、機長の不適切な操縦、異常接近警報がギリギリまで作動しない装置の性能不足など十一点の要因を列挙した。東京地裁も判決で、事故は複数の要因が絡んだ結果と認定し、「個人の刑事責任を追及するのは相当ではない」と指摘した。だが、百人が負傷した事実を重く見る伊丹には、「複雑な航空システムの不備にすり替えて済む事故ではない」と思えてならなかった。

事故調の報告書

航空・鉄道事故の原因究明は、再発防止策を重視する事故調の調査、刑事責任を追及する捜査機関の捜査にゆだねられる。特に航空分野は、管制、信号などシステムのハイテク化が進み、「ヒューマンファクター」と呼ばれる人的ミスなども複雑に絡み合うだけに、捜査は困難を極める。その結果、国際民間航空機関（ＩＣＡＯ）の条約の付属書で本来は「刑事訴追での利用」が禁じられている事故調の報告書に、頼ることにもなりかねない。

刑事裁判の証拠に事故調の報告書が使われたのが、三重県上空で一九九七年、香港発名古屋行き旅客機の機体が激しく揺れ、十四人が死傷した日航機乱高下事故だ。

事故調は一九九九年、調査報告書で不適切な操縦、気象、機体の特性などの要因を事故原因として指摘した。名古屋地検は二〇〇二年、機長を業務上過失致死傷罪で在宅起訴。公判では、事故調委員の証人尋問を経て、検察側が証拠申請した事故調の報告書が採用された。

名古屋地裁は二〇〇四年七月、報告書を刑事裁判の証拠にすること自体は、「鑑定書に準じるもので証拠能力がある」と肯定した。だが、機長の刑事責任については、操縦が不適切だった可能性を指摘しつつ、「事故の危険性の認識まではなかった」と無罪を言い渡した。

判決時に次席検事だった南部義広《なんぶよしひろ》は、「専門性の高い職業こそ、基本的なミスで重大な結果を生じさせたら刑事責任が問われるべきだ。判決はとうてい納得できない」と話す。

航空機事故に対する検察の厳しい姿勢は、事故調の調査に思わぬ影響も与えている。

刑事責任追及の波紋

二〇〇五年八月、事故調の調査官は、機体トラブルで関西空港に緊急着陸したカンタス航空機（オーストラリア）の乗員から証言を拒まれた。「証言が捜査などで不利に利用される恐れがある」というのが、その理由だ。「最近、似たようなことが起きている」と言う事故調事務局長の福本秀爾《ふくもとしゆうじ》（五十四歳）は「あくまで私見」と断ったうえで、「欧米では航空機事故で機長の過失が刑事責任を問われることはない。日本も事故捜査のあり方を見直す時期に来ているのではないか」と訴える。

専門性の高い医療分野、原因の複雑な航空・鉄道分野の事故で、個人の刑事責任を問うことは難しい。その是非についても、検察内部で意見は分かれる。ある検察幹部は、「航空機事故は再発防止を最優先し、調査機関にゆだねるべきだというのが世界的な潮流で、『刑事罰の恐れがあるので調査に口をつぐむ』ということではいけない。日本では、遺族や被害者の徹底究明を望む気持ちを受けて航空機事故を捜査の対象としてきたが、根本的な検討が必要になってきている」と話した。

5　変わる捜査・公判

容疑者の言葉、調書で再現

山地悠紀夫《やまじゆきお》（二十二歳）は、反省のそぶりも見せず、淡々と容疑を認めた。

大阪市浪速区《なにわ》のマンションで、二〇〇五年十一月に起きた姉妹刺殺事件。帰宅した二人を相次いでナイフで襲い、胸や顔などを刺して殺害、五千円などを奪い、火を放って逃げた。

山地を取り調べたのは、検事になって六年目の入江《いりえ》淳子《じゅんこ》（三十歳）。二〇〇九年に始まる裁判員制度に対応するため、大阪地検が二〇〇五年十月に新たに作った検事と検察事務官計十六人のチームの一員で、刑事部と公判部を兼務している。

山地は、建造物侵入容疑で逮捕されて十四日目、大阪府警の調べに二人の殺害を自白。十二月十九日、強盗殺人容疑で再逮捕された。

護送の際、笑みさえ見せた山地。捜査・公判を指揮し、同地検で刑事部と公判部の副部長を兼ねる北川健太郎《きたがわけんたろう》は、反省が感じられない供述態度などから「公判になって違うことを言い出す可能性がある」と感じ、調書のとり方に細心の注意を払うよう入江に指示した。

山地は十六歳の時に母親を殺害して逮捕され、少年院で三年を過ごした。供述には、「(被害者を)制圧する」「捜査の情勢」など捜査関係者の使う言い回しが、時折交じる。ナイフの握り方など、こみ入った図を描くのもうまかった。入江は、その語り口を忠実に再現するよう心がけ、三十一通の調書の大半に犯行状況などを示す山地が自分で描いたイラストも添付した。入江は「本人でないとできない表現を盛り込むことで、調書の信用性を高めることができる」と考えたという。北川も「こうした工夫をすれば、裁判員にもわかりやすい調書になる」と話す。ただ、国民から選ばれる裁判員が刑事裁判に参加するようになっても、「容疑者の話をじっくり聞き、多角的に吟味することが捜査の基本という点は変わらない」

とも思っている。
大阪地裁で二〇〇六年五月一日に開かれた初公判で、弁護側は「強盗の意思はなかった」と主張した。だが、山地はその後の被告人質問などで、捜査段階と同様、強盗も含め大筋で認めている。

取り調べの録音・録画を試行

二〇〇六年五月九日、最高検は裁判員制度の導入に向け、一部の事件で取り調べの録音・録画をテストする方針を表明した。自白が容疑者の意思で語られたものであることを、効果的に立証するためだ。現場の検察官には、寝耳に水の方針転換だった。

検察内部には、取り調べの録音・録画に対し、「自白を得るのが困難になる」という拒否反応が根強かった。流れが変わったのは二〇〇五年秋ごろ。一般国民が裁判員として参加するようになれば、審理に長い時間はかけられないため、自白が容疑者の意思によるものかどうか疑いがあれば調書を証拠として採用しない場面が増える――。そんな話が、最高裁など裁判所側から伝わってきたためだ。

同年暮れから、検事総長の松尾《まつお》邦弘《くにひろ》ら最高検幹部は、容疑者の意思に基づく自白だと立証するのに手間取った事件について、どうすれば効率的に立証できるか、記録をもとにひそかにシミュレーションを繰り返した。「録音・録画を導入すれば、短時間で立証できるケースがある」。結論が出たのは二〇〇六年三月だった。録音・録画は、殺人、強盗致死など裁判員制度対象の事件に限る方針も固まった。それでも、「いったん導入すればなし崩し的に他の事件にも広がり、やがて全部の事件に導入しなければならなくなる」と懸念する声が、幹部の間ですら消えなかった。

「録画は検察官の判断で支障のない範囲で行う。対象が必要以上に広がることはない」。四月二十日、最高検幹部と全国八高検の検事長を結んだテレビ会議で、意思統一が図られた。

裁判員制に向けた実験

二〇〇六年七月ごろから録音・録画をテストすることが、全国の地検で唯一決まった東京地検。裁判員制度の準備を進めている特別公判部では、すでにさまざまな〝実験〟が行われている。全部で数十枚の供述調書を数枚にまとめるにはどうしたらいいか、専門用語がちりばめられた鑑定書を平易にできないか……。

同部副部長の東弘《あずまひろし》(四十六歳)は、「録音・録画をどう活用するかも含め、あらゆる面でわかりやすさを追及していきたい。それが、裁判で正しく事実が認定されることにもつながる」と話した。

6　偽証を積極摘発

アリバイ証言を崩す

二〇〇五年七月二十七日午後、東京・霞が関の東京高検で開かれた会議で、静岡地検浜松《はままつ》支部長の竹田勝紀《たけだまさのり》（五十六歳）は、高検幹部に「偽証罪でできるか」[*6]と問われ、「やります」と告げた。覚せい剤取締法違反（使用）の罪に問われた会社役員の男（五十二歳）に、静岡地裁浜松支部が同月十五日言い渡した無罪判決に対し、控訴するかどうかを決める会議で、無罪の根拠とされたアリバイ証言を偽証罪に問えるかどうかが議題になった。検察側は他の証拠から「アリバイ証言は偽証」とみていたが、それが裏付けられなければ、控訴しても同じ結果になる可能性が高いからだ。

男は二〇〇三年七月二十二日夜、静岡県浜松市で十六歳の少女に覚醒剤を注射したとして起訴されたが、全面的に争った。公判では、取引先の印刷会社の社員（四十一歳）は「その日は男が経営する居酒屋で会い、名刺を納品して代金一万円を受け取った」と証言し、領収書も証拠として提出。男の内妻（四十七歳）と居酒屋店員も証人出廷し、アリバイを補強した。判決は特に、印刷会社社員について「中立性が高く、男に肩入れする事情もない」と評価していた。

判決直後から偽証罪の捜査を託されたのは、任官六年目、静岡地検浜松支部の検事、羽柴《はしば》愛砂《あいさ》(三十一歳)。羽柴は、問題の領収書の原本と控えで、日付の位置が微妙にずれていることや、ボールペンのインクが一部、不自然にかすれていることに気づいた。同支部は控訴した。

羽柴はしかし、証言した三人のうち誰かの自白がないと、偽証罪の立件は難しいと考えていた。男と最も関係が薄い印刷会社社員の事情聴取を重ね、「内妻と共謀して領収書を偽造した」との供述を引き出した。

それでも、まだ障害はあった。男は無罪判決を受けて釈放されており、捜査を妨害する恐れがあったからだ。東京高検が東京高裁に男の拘置を申し立て、認められた。同支部は二〇〇五年九月三十日、総勢三十八人の大がかりな体制で強制捜査に着手し、三人を偽証容疑などで逮捕。内妻と印刷会社社員を起訴し、有罪が確定した。

隠密捜査

東京地裁でも同年九月二十九日、覚せい剤取締法違反(所持、使用)の罪に問われた無職の男(三十六歳)の公判で、知人の配管工(三十五歳)が「男は覚醒剤を混ぜた酒などを知らずに飲んだだけ」と証言した。東京地検公判部の担当検事だった大久保信英《おおくぼのぶひで》（五十三歳）は、不自然な証言内容から嘘だと確信していたが、「論告で指摘すれば十分」と思っていた。

ところが、別の覚醒剤使用事件で同年十一月一日、偽証の疑いが濃い不自然な証言を基に東京地裁が無罪判決を出し、大久保は危機感を抱いた。男が拘置中の東京拘置所に配管工との手紙のやり取りを照会すると、九月二十九日前後に頻繁に手紙が交わされていたことが判明。警視庁に捜査を依頼した。

公判は、捜査中も続けられた。突然、公判期日の延期を申し立てれば、捜査を男に察知される恐れがあるからだ。配管工が偽証、男が偽証教唆《きょうさ》の容疑で逮捕されたのは、十二月だった。大久保は「何食わぬ顔で公判をこなさねばならず、緊張の日々だった」と言う。

裁判員を惑わせない

検察当局が、偽証罪を積極的に適用するようになってきたのは、裁判員制度の開始を控えているためだ。

東京高検次席検事の笠間治雄《かさまはるお》は二〇〇五年十月、同高検管内の各地検支部長による会議で浜松の偽証摘発を例に挙げ、「偽証の積極的な立件を検討するように」と指示。最高裁も翌十一月、裁判員制度に関する試案で「偽証罪の積極的な適用が論じられるべきだ」と提言した。

笠間は、「偽証の多くは客観的証拠が少なく、捜査に手間がかかる。偽証があっても有罪判決が出れば問題にしないこともあった」と認める。だが、プロの裁判官と違って裁判員が嘘の証言を見破るのは容易ではない。法廷での証言は真実という前提でなければ、裁判員制度の根幹が揺らぎかねない。

「法廷での嘘は裁判員を惑わせる。だからこそ、偽証を許してはいけない」。笠間の言葉は、多くの検察官の声を代弁している。

7　新時代の検察官

国民の目を常に意識

「常に国民の目を意識することで、検察の捜査、公判活動はより高いレベルに上がるだろう。しかし、懸命に取り組まないと、無罪が続出することになりかねない」

二〇〇六年五月十二日、東京・霞が関の検察合同庁舎十九階にある検事総長室。退官を約一か月半後に控えた検事総長の松尾邦弘は、読売新聞のインタビューに応じ、三年後にスタートする裁判員制度に向けた検察の課題について、厳しい口調で語り始めた。

「現場の検察官は捜査段階から、一つ一つの証拠について、裁判員を納得させるものといえるかどうか、ぎりぎりの吟味をする必要がある。個々の検察官の資質向上とともに、今後三年間で、組織全体の業務を見直し、裁判員制度の事件に必要な人員を投入できる体制を整えることも大事だ」


インタビューの三日前の五月九日。最高検は、これまで密室で行われてきた取り調べの一部について、試験的に録音・録画する方針を打ち出した。

「被告の自白が取調官に強要されたものではないということを、裁判員に理解してもらう工夫として、積極的にビデオを活用していこうという結論になった。だから、ビデオ導入は全事件ではなく、裁判員制度の対象事件に限定される。また、二十四時間中、ビデオを回すのではなく、検察官が必要と判断した場合だけ録画するので、件数はそれほど多くはならないと思っている。今後の一年半を試行、残り一年半を実践にあて、現場に経験を積ませたい」。

松尾は、「録音・録画」を決断するに至った経緯を明かすとともに、そう展望を語った。

検察官が起訴した事件の九九・九％は有罪となっている。日本独特の現象といわれるこうした有罪率の高さは、裁判員制度が始まると、変化していくのだろうか。
「無罪が出ることを過度に心配するあまり、有罪が確実なものしか起訴しないということではいけない。やはり国民の前で議論すべき事件は、証拠があればきちんと起訴していく。検察として良心的な判断をし、裁判で負けたとしても落胆することはない。そういう意味では、『九九・九%』が誇れる数字ではないという意識を持つ必要はある」

経済活動のルール違反を事後チェックする時代の到来とともに、検察の守備範囲は質量ともに拡大している。今後、検察はどこに力を注ぐべきなのか。松尾は言う。

「金融・証券の分野で、罰則規定を積極適用するとともに、裁判での偽証や行政の調査妨害にも厳しく対処する必要がある。一方、医療事故については、専門家が再発防止の観点から原因を調査する仕組みを作り、そのうえで、刑事責任追及が必要なケースを捜査対象にすることを検討すべきだろう」

検察に対し、法曹界や国民が寄せる期待は大きく、それゆえに注文も厳しい。

検察は公判中心に

日本弁護士連合会会長の平山正剛《ひらやませいごう》（七十二歳）は、「刑事裁判への国民の信頼をどう勝ち得ていくのか。これが今、検察を含む法曹界全体が直面する問題だ」と、現状を分析したうえで、次のように語る。

「戦後の検察は『捜査中心』で、公判は捜査段階の調書だけに頼る傾向が強かった。これでは調書の任意性をめぐって審理が長期化し、国民はついてこない。今後の検察は『公判中心』に変わっていくべきだと思う。その意味で、検察が取り調べの録音・録画へ一歩を踏み出したのは大きな前進で、評価したい。事案によっては捜査に困難を強いることもあるだろうが、勇気を持って舵《かじ》を切ったと思う。ただ、一部だけでは不十分で、取り調べの全過程の録音・録画を望みたい」

平山は新たな時代を見据え、検察にこう呼びかける。

「迅速な裁判を図る公判前整理手続きも始まった。被告と弁護人が事前に十分な打ち合わせができなければ、争点の整理はできない。被告の早期保釈、検察に不利な証拠も含めた証拠開示などに、積極的に協力してほしい」

検察官の姿勢に注文

一方、被害者問題に長年携わってきた被害者支援都民センター事務局長の大久保《おおくぼ》恵美子《えみこ》（五十八歳）は、「検察庁の犯罪被害者への対応は、ここ数年かなり改善されたが、被害者にとって検察官はまだまだ敷居が高い。一生、悲しみとか怒りを抱えて生きていかなければならない被害者には、一人の人間としても精いっぱい向き合ってもらいたい」と訴える。同時に、「検察官が加害者の処罰に力を注いでくれているのを見て、被害者が力をもらうこともある。被害者が死亡した事件などでは、裁判が始まる前に遺族の要望を聞き、一回一回の公判が終わった後には、手続きの意味を説明してほしい」と要望する。

オウム事件などの取材を手がけたほか、「行刑改革会議」委員も務めたジャーナリストの江川紹子《えがわしょうこ》（四十七歳）は、「裁判を傍聴していると、予定していた尋問をこなすだけで、証人との対話になっていない検察官が見受けられる。一定のストーリーに容疑者の供述を押し込めるような調書が出てくることもある。プロとして、もっと尋問や取り調べの技術を磨いてほしい」と手厳しい。

そして、被告に向き合う検察官の姿勢について、こう注文をつけた。

「検察官は、重い判決を得ることに捕らわれがちだが、被告に反省させ、更生を早めることも捜査や裁判の役割だ。被告に対しても常にフェアであることを心がけ、裁判員制度が始まっても、情緒的な裁判にしないよう努めてもらいたい」

＊1　外国公務員への贈賄防止条約
公正な国際競争を確保するのが目的で、締結国は二〇〇六年七月末現在、三十六か国。OECDの作業部会は、締結国の条約履行状況を審査し、問題点があれば指摘する。日本の不正競争防止法では、外国公務員に不正な利益を供与した場合、個人には五年以下の懲役もしくは五百万円以下の罰金、法人には三億円以下の罰金が科せられる。

＊2　規制緩和推進計画
政府は二〇〇〇年度までの三か年計画で、行政のあり方として、「事前規制型から事後チェック型への転換を基本とする」ことを掲げた。一方、規制緩和で国民が被害を受けないよう、明確なルールを設け、そのルールが守られているかどうか監視することを重視。司法の役割がいっそう重要になるため、司法制度の積極的な見直しを求めた。

＊3　東京女子医大事件
東京女子医科大学病院で二〇〇一年、心臓手術を受けた女児が死亡し、人工心肺装置を操作していた医師(四十二歳)が業務上過失致死罪（一審無罪、検察側控訴)、事故後にカルテを改竄した医師（五十歳）が証拠隠滅罪（一審で有罪確定）に問われた。

＊4　杏林大病院割りばし死事件

一九九九年に保育園児が綿あめの割りばしを喉《のど》に突き刺して死亡。治療に当たった元杏林大学医学部附属病院の医師（三十八歳）が業務上過失致死罪（一審無罪、検察側控訴）に問われた。

＊5　航空・鉄道事故調査委員会

一九七一年、自衛隊機と全日空機が空中衝突した「雫石《しずくいし》事故」をきっかけに、一九七四年に発足した旧運輸省の「航空事故調査委員会」が前身。一九九一年の信楽《しがらき》高原鉄道事故遺族らの働きかけで、二〇〇一年に鉄道事故も対象に加え、航空と鉄道の二つの部会から成る現在の形になった。航空工学の専門家ら委員十人で構成。国土交通大臣らに再発防止策などを勧告できる。

＊6　偽証罪

裁判で「真実を述べる」と宣誓した証人が、嘘の証言をしたときは、刑法で懲役三月以上十年以下の刑が科される。国会で行われる証人喚問での偽証にも、議院証言法に同三月以上十年以下の罰則があるが、起訴には国会の告発が必要。元労相の山口敏夫、衆院議員の鈴木宗男らが、証人喚問で偽証したとして起訴された。

あとがき

検察庁の看板に真っ黄色のペンキがかけられたその光景を、今でも忘れられない。

本書でも紹介したように、一九九二年九月、金丸信・元自民党副総裁の五億円違法献金事件の処理に不満を持った男が、怒りのあまり投げつけたものだった。東京佐川急便事件を捜査中だった東京地検特捜部が、元副総裁本人を事情聴取しないまま、相手側から提出された上申書だけで略式起訴し、決着させた。だが、検察幹部たちは、金丸元副総裁が問われた政治資金規正法の量的制限違反には最高でも二十万円の罰金刑（当時）しかないこと、この刑罰の重さからすれば公開の法廷で裁くことを求める正式な起訴ではなく略式起訴が妥当なこと、相手側から罪を認める上申書が提出されており事情聴取の必要がないことなど、さまざまな理由を挙げ、適正に処理したと強調していた。

ところが、世間の受け止め方は違った。新たな刑事処分を求める規正法違反容疑などの告発は約四万件にも上り、検察が再び不起訴にすると今度は検察審査会への申し立てが殺到した。検察合同庁舎前には連日のように街宣車もやってきて、庁舎内で取材中、相手の声がかき消されるほどの大音量を流し、検察は前代未聞の騒然とした雰囲気《ふんいき》に包まれていた。

「正直、こんなに批判されるとは思わなかった」

「今回、もしまずい点があったとしたら、捜査処理の透明性、もっと国民にわかりやすい形でするべきだったという点だ。再捜査して結論が変わらなくても、なぜ立件できないかを国民にわかるように示すことだろう」

十四年前の取材メモに残る検察幹部たちの言葉には、とまどいがにじむ。法律と証拠に基づき、適正に事件を処理していれば、国民は納得してくれるはずだ、なのになぜ――。検察の考える「正義」が揺らいでいた。

東京佐川急便事件をめぐっては、その後の公判で、検察が裏付けのない右翼団体幹部の供述調書を証拠申請、裁判長の指示で調書の全文が朗読され、自民党総裁選をめぐって妨害活動を繰り広げていた右翼団体幹部に七人の自民党国会議員が金銭での解決など中止を働きかけてきたとする内容が明らかにされたため、国会議員の大きな反発を招く事態も起こり、検察は自信を失いかけていた。

金丸元副総裁に対する上申書決着から半年後、特捜部は東京国税局の協力を得て、元副総裁を脱税で逮捕・起訴し、検察不信を一掃した。

ところが、五年後、検察は再び不信の風に見舞われる。

交通事故の遺族への対応を誤った片山隼君事件だった。当時の検察の「常識」からすれば、不起訴の理由を事件・事故の被害者や遺族に説明する義務はなく、従来通りの対応をしたにすぎなかった。しかし、世間の常識とは大きくかけ離れていたことを、検察は思い知らされる。

さらに、その後、情報提供者らに支払われることになっていた調査活動費をめぐる疑惑が持ち上がる。この問題を内部告発する動きを見せていた検察幹部を逮捕したことから、一段と疑惑の目が注がれることになる。しかし、検察は疑惑を払拭《ふっしょく》するための積極的な説明を尽くしてこなかったように見える。

これらの詳しい経緯は、本書で紹介したとおりだ。

検察は、自らが信じる「正義」に基づいて判断し、行動してきた。こうした検察の姿勢は、ロッキード事件で見せたように首相経験者といえども逮捕し、特別扱いしないという結果を示すことで、世間の一定の理解を得てきた。だが、検察の考える「正義」に従って行動すれば、国民が支持・理解してくれるという時代は、もはや過去のものになりつつある。

二〇〇九年には、重大な刑事裁判に国民が参加する裁判員制度が始まる。二〇〇五年四月に内閣府が発表した世論調査では、裁判員として刑事裁判に参加したくない人が七割に上る。こうした国民を相手に、検察は難解な法律用語や証拠をかみ砕いて説明し、納得してもらう努力をしていかなければならない。いまや検察トップの検事総長自らが制度のPRに積極的に乗り出すように、時代は大きく変わりつつある。

検察と警察の違いを聞かれて即座に答えられる一般国民は、多くない。二〇〇一年、タレントの木村拓哉《きむらたくや》さん扮《ふん》する型破りな検事を主人公にしたテレビドラマ「HERO」が大きな話題を集めたが、刑事ドラマでたびたび紹介される警察に比べ、検察はやはり国民には馴染みが薄い。まして、検察という組織を支える個々の検察官の素顔など、ほとんど知られていない。本書が、検察官、そして裁判員に選ばれれば国民の義務として参加しなくてはならない刑事裁判に、関心を抱いてもらえる一助になければ、幸いである。

取材には、東京本社社会部の次長・溝口烈（現広報部長）、同・藤田和之、司法クラブキャップ・大沢陽一郎（現社会部次長）のほか、部員の恒次徹、南原務（現読売新聞グループ本社法務部）、吉池亮、早坂学、富所浩介（現大阪本社社会部）、竹原興、小林篤子、田中史生、吉野裕介（現東北総局）、木下吏、山田滋、中村剛、石井正博があたり、大阪本社社会部などの協力も得た。取材に応じていただいた多くの検察官や検察事務官、関係者の方々には、この場を借りてお礼を申し上げたい。

本書の出版にあたっては、『ドキュメント 弁護士』『ドキュメント 裁判官』に続いて、中公新書編集部の並木光晴氏に多大な支援と助言をいただき、感謝したい。

読売新聞東京本社社会部次長

藤田和之

歴代検事総長（検察庁法施行後）

福井盛太	（ふくい・もりた）	1946年6月19日～1950年7月13日
佐藤藤佐	（さとう・とうすけ）	1950年7月14日～1957年7月23日
花井　忠	（はない・ただし）	1957年7月23日～1959年5月12日
清原邦一	（きよはら・くにかず）	1959年5月12日～1964年1月8日
馬場義続	（ばば・よしつぐ）	1964年1月8日～1967年11月2日
井本台吉	（いもと・だいきち）	1967年11月2日～1970年3月31日
竹内寿平	（たけうち・じゅへい）	1970年3月31日～1973年2月2日
大沢一郎	（おおさわ・いちろう）	1973年2月2日～1975年1月25日
布施　健	（ふせ・たけし）	1975年1月25日～1977年3月20日
神谷尚男	（かみや・ひさお）	1977年3月22日～1979年4月16日
辻辰三郎	（つじ・たつさぶろう）	1979年4月17日～1981年7月22日
安原美穂	（やすはら・よしほ）	1981年7月23日～1983年12月2日
江幡修三	（えばた・しゅうぞう）	1983年12月2日～1985年12月19日
伊藤栄樹	（いとう・しげき）	1985年12月19日～1988年3月24日
前田　宏	（まえだ・ひろし）	1988年3月24日～1990年5月10日
筧　栄一	（かけい・えいいち）	1990年5月10日～1992年5月26日
岡村泰孝	（おかむら・やすたか）	1992年5月27日～1993年12月12日
吉永祐介	（よしなが・ゆうすけ）	1993年12月13日～1996年1月16日
土肥孝治	（どひ・たかはる）	1996年1月16日～1998年6月23日
北島敬介	（きたじま・けいすけ）	1998年6月23日～2001年7月2日
原田明夫	（はらだ・あきお）	2001年7月2日～2004年6月25日
松尾邦弘	（まつお・くにひろ）	2004年6月25日～2006年6月30日
但木敬一	（ただき・けいいち）	2006年6月30日～

12月1日　犯罪被害者の権利保護を目的とする犯罪被害者等基本法が成立

2005年　3月3日　西武鉄道株の名義偽装事件で，東京地検がコクド前会長・堤義明を証券取引法違反（有価証券報告書の虚偽記載，インサイダー取引）容疑で逮捕

7月29日　東京地検が，カネボウ元社長・帆足隆らを証券取引法違反（有価証券報告書の虚偽記載）容疑で逮捕．10月にはカネボウの監査を担当した中央青山監査法人の公認会計士3人を起訴

8月15日　鋼鉄製橋梁工事をめぐる談合事件で，東京高検は日本道路公団副総裁・内田道雄を独禁法違反と背任の罪で起訴．一連の事件では，国土交通省と道路公団発注工事での談合が摘発され，メーカー26社が同法違反で起訴された

2006年　1月23日　インターネット関連企業ライブドアグループの証券取引法違反（風説の流布など）事件で，東京地検が社長の堀江貴文ら4人を逮捕．2月には，同法違反（有価証券報告書の虚偽記載）容疑で再逮捕

5月9日　最高検，裁判員制度実施に向け，取り調べの録音・録画の一部導入を発表

6月5日　ニッポン放送株をめぐる証券取引法違反（インサイダー取引）事件で，東京地検が村上ファンド代表・村上世彰を逮捕

6か月の停職処分を受けたうえで辞職．裁判官と検察官の癒着が指摘される

3月1日　ＫＳＤの政界汚職事件で，ＫＳＤ前理事長から，国会質問で依頼を受けた見返りに賄賂を受け取ったとして，東京地検が前参院議員の村上正邦を受託収賄容疑で逮捕．この事件では参院議員・小山孝雄も逮捕，起訴された

4月1日　故意に人を死なせた16歳以上の少年には原則刑罰を科し，刑罰が適用できる年齢を「16歳以上」から「14歳以上」に引き下げることなどを柱とする改正少年法が施行

6月8日　宅間守が大阪教育大附属池田小学校に侵入．1，2年生の4教室を襲い，児童8人を刺殺，児童13人と教諭2人に重軽傷を負わせた．04年9月，死刑確定から1年足らずで死刑執行

6月12日　司法制度改革審議会が最終意見書を小泉首相に提出．国民が重大な刑事事件の裁判に加わる裁判員制度や，法曹人口の大幅増員，法科大学院の創設などを打ち出す

2002年　**4月22日**　大阪地検が大阪高検検事・三井環を逮捕．後に捜査情報漏洩をめぐる収賄容疑でも逮捕．事件を受け，検事総長・原田明夫が戒告，大阪高検検事長・東条伸一郎が減給の懲戒処分に

6月19日　東京地検が林野庁の行政処分をめぐるあっせん収賄容疑で衆院議員・鈴木宗男を逮捕．その後，受託収賄，政治資金規正法違反，議院証言法違反でも起訴

2003年　**3月7日**　東京地検が衆院議員・坂井隆憲を政治資金規正法違反容疑で逮捕．同法違反だけでの国会議員逮捕は初めて

2004年　**2月27日**　地下鉄・松本両サリン事件，坂本堤弁護士一家殺害など13事件で殺人罪などに問われたオウム真理教教祖・麻原彰晃こと松本智津夫に対し，東京地裁が死刑判決．松本が一連の事件の首謀者と認定される

4月1日　法科大学院がスタート

5月21日　裁判員法成立．09年5月までに裁判員制度が始まることが決まる

5月27日　横浜区検が三菱ふそうトラック・バス前会長・宇佐美隆ら3人を道路運送車両法違反（虚偽報告）で，横浜地検が2人を業務上過失致死傷罪で起訴．7月には，三菱自動車製大型車の欠陥で運転手が死亡した事故で，元社長・河添克彦ら4人を業務上過失致死罪で起訴．商品の欠陥をめぐってメーカーのトップを起訴するのは異例

9月26日　日本歯科医師会側から自民党旧橋本派への1億円ヤミ献金事件で，東京地検が元官房長官・村岡兼造を政治資金規正法違反で在宅起訴．一審は無罪

11月29日　ゼネコン汚職捜査の応援に来ていた静岡地検浜松支部の検事が，参考人２人に暴行をしていたことがわかり逮捕．翌日，特別公務員暴行陵虐致傷罪で起訴

1994年　３月11日　東京地検，ゼネコン汚職事件で衆院議員・中村喜四郎をあっせん収賄容疑で逮捕．タクシー汚職事件以来，27年ぶりの国会への逮捕許諾請求だった

1995年　３月20日　地下鉄日比谷，千代田，丸ノ内線の電車５本にサリンがまかれ，12人が死亡，多数が負傷．同事件ではオウム真理教信者ら14人が殺人，殺人未遂罪で起訴された．

６月27日　経営が破綻した東京協和，安全信用組合の二信組事件で，東京地検が両元理事長を背任容疑で逮捕

12月６日　旧二信組事件で衆院議員・山口敏夫を背任容疑で逮捕．東京地検への出頭を拒み，ゼネコン汚職の中村に続いて国会への逮捕許諾請求

1996年　８月29日　エイズウイルスが混入した血液製剤を投与された血友病患者などがＨＩＶに感染した薬害エイズ事件で，東京地検が前帝京大副学長・安部英を業務上過失致死容疑で逮捕．安部は一審無罪．検察は控訴したが，安部が死亡し，公訴（起訴）棄却に

1997年　３月25日　総会屋への利益供与容疑などで東京地検と証券取引等監視委員会が野村証券を捜索．事件は４大証券会社と第一勧銀を巻き込み，大手銀行，証券会社から大蔵省，日銀への接待汚職にも発展

５月26日　東京都国立市で主婦が暴行，殺害された事件で，無期懲役判決を不服として東京高検が最高裁に上告．同年２月から翌年１月に検察当局は同趣旨で計５件の上告を行い，最高裁はうち１件で二審判決を破棄した

1998年　11月26日　前年11月，東京都世田谷区で小学２年生の片山隼君が大型トラックにひかれて死亡した事故で，東京地検が，いったん不起訴処分としたトラック運転手を業務上過失致死罪で在宅起訴．隼君の両親から不服申し立てを受けた東京高検の指示で，同地検が再捜査した結果，新たに得られた目撃証言などから，運転手の過失を認定した

1999年　４月１日　全国の検察庁に被害者等通知制度導入

４月９日　月刊誌『噂の真相』が，次期検事総長が確実視されていた現職東京高検検事長の女性スキャンダルを掲載．検事長は13日に辞職

６月２日　司法制度改革審議会設置法が成立．司法制度改革の気運が高まる

2001年　２月２日　福岡地検次席検事が，脅迫容疑で捜査対象だった主婦の夫である福岡高裁判事に捜査情報を漏らした疑惑が発覚．

1986年　２月13日　撚糸工連汚職事件で東京地検が日本撚糸工業組合連合会（撚糸工連）の理事長らを詐欺容疑などで逮捕．この後，国会質問に絡む受託収賄罪で衆院議員・横手文雄，収賄罪で衆院議員・稲村佐近四郎を在宅起訴した．国会議員の起訴は田中角栄以来，10年ぶり

1987年　８月４日　前年に発覚した共産党幹部宅盗聴事件で東京地検が神奈川県警の現職警官２人の盗聴を認定したが，処分は起訴猶予

1988年　10月20日　東京地検がリクルート事件の摘発開始．リクルートコスモス社の前社長室長を逮捕

1989年　２月13日　リクルート前会長・江副浩正を逮捕．この後，ＮＴＴ前会長・真藤恒，元労働事務次官・加藤孝，前文部事務次官・高石邦男を逮捕．元官房長官・藤波孝生ら国会議員２人を受託収賄罪で在宅起訴するなど，計17人を起訴（略式起訴を含む）

1990年　６月13日　国際航業事件で同社元役員らを脱税容疑で逮捕．７月には同社乗っ取りを図った仕手筋の光進代表・小谷光浩を株価操作容疑で逮捕

12月27日　東京地検，光進の仕手戦に便乗した衆院議員・稲村利幸を17億円余の脱税で在宅起訴

1991年　７月23日　大阪市の中堅商社イトマンの不明朗な絵画取引や不動産融資をめぐり，大阪地検が前社長・河村良彦，元常務・伊藤寿永光，許永中らを商法違反（特別背任など）の容疑で逮捕．イトマンから流出した資金は3000億円に上るといわれた

11月７日　業務用ラップメーカーのヤミカルテル事件でメーカー８社捜索．石油ヤミカルテル以来，17年ぶりに独禁法違反事件を摘発

1992年　１月13日　東京地検が共和汚職事件で元北海道沖縄開発庁長官・阿部文男を受託収賄容疑で逮捕．国会議員の逮捕はロッキード事件以来，16年ぶり

２月14日　東京地検が東京佐川急便元社長・渡辺広康らを特別背任容疑で逮捕

９月28日　東京佐川急便事件で，自民党元副総裁・金丸信を政治資金規正法違反で略式起訴．上申書だけで事情聴取をせず，罰金20万円で終わったため，検察批判が起きた

1993年　３月６日　金丸と元公設第１秘書を脱税容疑で逮捕．金丸が起訴された脱税額は，10億3700万円余

６月29日　ゼネコン汚職の強制捜査着手．その後，仙台市長・石井亨，茨城県知事・竹内藤男，宮城県知事・本間俊太郎らが収賄容疑で逮捕された．94年２月までに，清水建設，鹿島などゼネコン８社の幹部らも含め，計31人を起訴

られた．国内初のハイジャック事件．メンバーは平壌へ向かうよう機長らを脅迫し，そのまま北朝鮮に亡命

1972年 **2月19日** 連合赤軍の5人が長野県軽井沢町のあさま山荘に立てこもる．管理人の妻を人質に，警官隊と銃撃戦を行い，3人を射殺．連合赤軍をめぐっては榛名山中などの山岳アジトで「総括」と呼ばれるリンチを繰り返し，極寒の屋外に縛り付けるなどして，12人を殺したことも発覚．93年に大量リンチ殺人などで元幹部の永田洋子，坂口弘の死刑が確定

1974年 **2月19日** 石油ヤミカルテル事件で，公正取引委員会が石油連盟と元売り12社を独占禁止法違反で検察当局に告発．検察当局は3月，強制捜査に乗り出し，5月に石油連盟と元売り12社，役員級17人を起訴した

8月30日 東アジア反日武装戦線“狼”が，東京・丸の内の三菱重工ビル前に時限式爆弾2個を仕掛けて爆発させ，8人死亡，165人が重軽傷を負った．“狼”の爆弾闘争に呼応し，“大地の牙”“さそり”も企業爆破を開始，75年に一斉逮捕されるまでの間，3グループで計17件の爆破事件を重ねた．87年に大道寺将司，益永利明の死刑が確定

1976年 **2月4日** 米上院外交委員会多国籍企業小委員会でロッキード社の対日工作が明らかにされる

2月24日 ロッキード事件で，東京地検，警視庁，東京国税局は合同で丸紅東京本社，児玉誉士夫宅など28か所を一斉捜索

7月27日 東京地検が前首相・田中角栄を外為法違反容疑で逮捕．地検は田中を，旅客機を全日空に買わせるための報酬5億円をロッキード社代理店の丸紅の幹部から収賄したとの受託収賄罪と外為法違反の罪で起訴．元運輸相・橋本登美三郎ら起訴は計16人に．田中は一，二審で有罪，上告中に死亡．95年，最高裁で贈賄側の丸紅元会長・檜山広の実刑が確定した

1979年 **1月9日** 米証券取引委員会（ＳＥＣ）がダグラス，グラマン両社の疑惑を明らかにしたのを受け，東京地検が捜査開始宣言．その後，日商岩井元副社長らが議院証言法違反（偽証）などで起訴されたが，政府高官の訴追には至らず

9月27日 48年，熊本県人吉市で起きた強盗殺人事件で死刑が確定していた免田栄に対し，福岡高裁が再審開始を決定．これを受け，83年に熊本地裁八代支部が無罪を言い渡した．以降，財田川事件，松山事件，島田事件と，死刑確定者の再審無罪が続いた

1983年 **7月8日** 連続4人射殺事件（永山事件）の最高裁判決（破棄差し戻し）．死刑か無期かを判断する要素に，動機，残虐さなど犯行の態様，被害者の数など結果の重大性，遺族感情，犯行後の情状などを挙げ，やむを得ない時は死刑が許されるとした

検察関連年表

1947年　**5月3日**　検察庁法施行

11月10日　東京地検が特別捜査部（特捜部）の前身「隠退蔵事件捜査部」を新設

1948年　**6月23日**　昭電疑獄で東京地検が特別捜査本部を設置．復興金融金庫などから昭和電工への融資をめぐる汚職で，12月までに60人余りを逮捕．国務大臣・栗栖赳夫は有罪となったが，前首相・芦田均，衆院議員・大野伴睦，大蔵省主計局長・福田赳夫らは軒並み無罪に

7月29日　政治資金規正法施行

12月13日　炭管汚職事件で東京高検が衆院議員・田中角栄を逮捕．炭鉱の国家管理法案阻止のために炭鉱業者から収賄したとされたが，田中は無罪

1949年　**1月1日**　新刑事訴訟法，少年法施行

5月14日　隠退蔵事件捜査部を特別捜査部に改称

1954年　**1月22日**　造船疑獄で運輸省官房長を逮捕．造船業界が助成措置法案成立のために政界工作をした事件で，71人を逮捕した．衆院議員3人が有罪

4月21日　造船疑獄で自由党幹事長・佐藤栄作の収賄容疑での逮捕について，法相・犬養健が検事総長に対する指揮権を発動，逮捕を延期させ，捜査は事実上頓挫．佐藤は7月に政治資金規正法違反で在宅起訴されたが，のちに大赦で免訴

1957年　**10月12日**　東京地検が売春汚職を摘発．売春防止法成立阻止を図る赤線業者から賄賂を受け取ったとして衆院議員2人が有罪に

1967年　**3月23日**　東京地検，共和製糖事件で参院議員・相沢重明を在宅起訴．共和製糖グループへの融資問題に関する国会質問に絡んで賄賂を受け取った

12月25日　大阪地検，ＬＰガス税法案をめぐるタクシー汚職事件で，衆院議員・関谷勝利を受託収賄罪で逮捕．逮捕許諾請求が認められる

1968年　**2月21日**　日本通運（日通）事件で強制捜査．その後，東京地検は，政府所有食糧の輸送を独占的に行っていた日通幹部から，国会質問を封じるために賄賂を贈られていた参院議員・大倉精一をあっせん収賄罪で起訴．同罪を国会議員に初適用

1970年　**3月31日**　乗員乗客138人を乗せた羽田発福岡行きの日航機「よど号」が，富士山上空付近で赤軍派メンバー9人に乗っ取

読売新聞社会部

著書『ドキュメント　弁護士』（中公新書）
『ドキュメント　裁判官』（中公新書）
『外務省激震』（中公新書ラクレ）
『ヤミ金融』（中公新書ラクレ）
『教育再生』（中公新書ラクレ）
『大学病院でなぜ心臓は止まったのか』（中公新書ラクレ）
『会長はなぜ自殺したか』（新潮文庫）
『会社がなぜ消滅したか』（新潮文庫）
ほか

ドキュメント　検察官《けんさつかん》
中公新書 *1865*

2006年9月25日発行

著　者　読売新聞社会部
発行者　早川準一

本文印刷　三晃印刷
カバー印刷　大熊整美堂
製　本　小泉製本

発行所　中央公論新社
〒104-8320
東京都中央区京橋 2-8-7
電話　販売 03-3563-1431
編集 03-3563-3668
URL http://www.chuko.co.jp/

Published by CHUOKORON-SHINSHA, INC.
Printed in Japan　ISBN4-12-101865-6 C1232

中公新書

政治・法律

h1

- 125 法と社会 碧海純一
- 972 陪審裁判を考える 丸田 隆
- 1721 法科大学院 村上政博
- 1531 ドキュメント 弁護士 読売新聞社会部
- 1677 ドキュメント 裁判官 読売新聞社会部
- 1492 少年法 澤登俊雄
- 1504 政策形成の日米比較 小池洋次
- 819 アメリカン・ロイヤーの誕生 阿川尚之
- 918 現代政治学の名著 佐々木毅編
- 1501 日本政治の対立軸 大嶽秀夫
- 1708 日本型ポピュリズム 大嶽秀夫
- 1845 首相支配―日本政治の変貌 竹中治堅
- 1522 戦後史のなかの日本社会党 原 彬久
- 1797 労働政治 久米郁男
- 1687 日本の選挙 加藤秀治郎
- 1577 政治意識図説 松本正生
- 1674 首相公選を考える 大石 眞・久保文明・佐々木毅・山口二郎編著
- 1179 日本の行政 村松岐夫
- 1591 税制ウォッチング 石 弘光
- 1739 税の負担はどうなるか 石 弘光
- 1151 都市の論理 藤田弘夫
- 1461 国土計画を考える 本間義人
- 721 地政学入門 曽村保信
- 700 戦略的思考とは何か 岡崎久彦
- 1143 現代戦争論 加藤 朗
- 1639 テロ―現代暴力論 加藤 朗
- 1601 軍事革命(RMA) 中村好寿
- 1775 自衛隊の誕生 増田 弘
- 1206 忘れられない国会論戦 若宮啓文
- 1471 政治記者 野上浩太郎
- 1865 ドキュメント 検察官 読売新聞社会部